# みんなの日本語

## 初級II 第2版

Minna no Nihongo

Japanisch Grundstufe II
Übersetzungen & grammatikalische Erklärungen
—Deutsch

翻訳・文法解説
ドイツ語版

スリーエーネットワーク

© 2003 by 3A Corporation

All rights reserved. No part of this publication may be reproduced, stored in a retrieval system, or transmitted in any form or by any means, electronic, mechanical, photocopying, recording, or otherwise, without the prior written permission of the Publisher.

Published by 3A Corporation.
Trusty Kojimachi Bldg., 2F, 4, Kojimachi 3-Chome, Chiyoda-ku, Tokyo 102-0083, Japan

ISBN978-4-88319-704-0 C0081

First published 2003
Second Edition 2015
Printed in Japan

# VORWORT

Das vorliegende Buch ist ein komplettes Lehrbuch, das auf derselben Basis wie ***Shin Nihongo no Kiso*** konzipiert wurde. Es wurde in drei Jahren entworfen und herausgegeben und, wie der Titel ***Minna no Nihongo*** (Japanisch für Alle) zeigt, soll jeder – sowohl die, die ganz neu mit dem Japanischlernen beginnen als auch die Lehrenden – Spaß und Interesse haben.

***Shin Nihongo no Kiso*** ist, obwohl das Lehrbuch für Praktikanten des technischen Ausbildungszweiges entwickelt worden ist, als Lehrmaterial für die Grundstufe nicht nur in Japan, sondern auch im Ausland weit verbreitet, weil es sowohl qualitativ als auch quantitativ adäquat und für die Lerner, die in kurzer Zeit die gesprochene japanische Sprache erlernen wollen, sehr effektiv aufgebaut ist.

In den letzten Jahren ist die japanische Spracherziehung immer vielfältiger geworden. Die Entwicklung der internationalen Beziehungen förderte den menschlichen Austausch zwischen Japan und anderen Ländern, und Ausländer mit verschiedenen Hintergründen und Absichten treten japanischen Bezirksgemeinschaften bei. Diese Änderung der gesellschaftlichen Umgebung durch die wachsende Zahl der Ausländer beeinflusst auch die Sprachausbildung an japanischen Ausbildungsstätten. Das Interesse der Japanischlernenden wird verschiedenartiger, und geeignete Maßnahmen zu den einzelnen Fällen werden benötigt.

Mit Rücksicht auf den zeitlichen Hintergrund sowie auf die Wünsche und Meinungen der Leute, die sich seit vielen Jahren im In- und Ausland mit der Spracherziehung beschäftigen, entschloss sich 3A Corporation, ***Minna no Nihongo*** herauszugeben. Während ***Minna no Nihongo*** sich die klaren Lernpunkte und die Lernmethode des ***Shin Nihongo no Kiso*** zu Nutzen macht, wurden der Inhalt erweitert und einige neue Ideen aufgegriffen, so dass z.B. bei den Szenen, Situationen und Personen in Dialogen die Vielfältigkeit der Lerner entsprechend universaler wurde und alle trotz der regionalen Unterschiede im In- und Ausland mit Spaß lernen können.

***Minna no Nihongo*** ist konzipiert für Ausländer, die am Arbeitsplatz, in der Familie, in der Schule, im Bezirk usw. auf Japanisch kommunizieren müssen. Obwohl es sich um ein Lehrbuch für die Grundstufe handelt, haben wir uns Mühe gegeben, in den Szenen, in denen Ausländer und Japaner miteinander kommunizieren, so viel wie möglich japanische Umstände sowie gesellschaftliches und alltägliches Leben der Japaner widerzuspiegeln. Dieses Lehrbuch ist hauptsächlich für Erwachsene im Allgemeinen gedacht, aber es ist natürlich auch Lernern an der Universität als Vorbereitung auf ihr Studium sowie Teilnehmern an Intensivkursen an Fachschulen bzw. Universitäten zu empfehlen.

Wir wünschen uns, dass Sie weiterhin unser Lehrbuch nutzen, da wir auch in Zukunft neue Lehrmaterialien publizieren werden, um der Vielfalt der Lerner und dem einzelnen Bedarf an Ausbildungsstätten entgegenzukommen.

Zum Schluss möchten wir uns herzlich bei allen bedanken, die bei der Herausgabe des Buches mitgewirkt haben durch Meinungsäußerungen, Verbesserungsvorschläge oder Probenutzung des Buches im Unterricht. 3A Corporation ist bemüht, z.B. durch die Herausgabe von Lehrmaterialien zur japanischen Sprache, das menschliche Netzwerk zu erweitern. Wir möchten Sie bitten, weiterhin unsere Arbeit zu unterstützen und uns zu ermutigen.

Ogawa, Iwao<br>
Präsident, 3A Corporation<br>
Juni 1998

# VORWORT ZUR ZWEITEN AUFLAGE
— Anlässlich der Herausgabe von *Minna no Nihongo shokyū, 2. Auflage* —

Wir freuen uns, nunmehr die zweite Auflage von *Minna no Nihongo shokyū* herausgeben zu können. Wie im Vorwort zur ersten Auflage erwähnt, ist *Minna no Nihongo shokyū* ein Lehrbuch, das auf derselben Basis wie das für Praktikanten des technischen Ausbildungszweiges entwickelte *Shin Nihongo no Kiso* konzipiert wurde.

Die erste Auflage dieses Buches erschien im März 1998. Zu jener Zeit veränderten sich einhergehend mit der Entwicklung der internationalen Beziehungen die gesellschaftlichen Umstände, in die die japanische Spracherziehung eingebettet ist; auffallend war auch, dass die Japanischlerner schnell mehr und ihre Lernziele und Bedürfnisse vielfältiger wurden, und der Wunsch wurde laut, dass diesen verschiedenen Anforderungen entsprochen wird. Den Meinungen und Wünschen nachkommend, die uns aus der Praxis der japanischen Sprachausbildung im In- und Ausland erreichten, hat die 3A Corporation *Minna no Nihongo shokyū* herausgegeben.

*Minna no Nihongo shokyū* fand Anklang als ein Lehrbuch mit klar verständlichen Lernzielen und -methoden, einer sehr breiten Verwendbarkeit, die der zunehmenden Vielfältigkeit der Lerner Rechnung trägt, sowie inhaltlicher Vollständigkeit, und damit als höchst effektives Lernmaterial für Lerner, die in kurzer Zeit die gesprochene japanische Sprache erlernen wollen; so wurde es inzwischen über zehn Jahre genutzt. Allerdings lebt die Sprache im Wandel der Zeiten. In der Zeit seit der Veröffentlichung der ersten Auflage von *Minna no Nihongo shokyū* erlebten Japan und die ganze Welt sehr unruhige Zeiten. Gerade in den letzten Jahren hat sich die Welt, deren Teil die japanische Sprache und ihre Lerner sind, stark verändert.

Angesichts dieser Umstände haben wir, um einen weiteren Beitrag zur japanischen Sprachausbildung ausländischer Lerner leisten zu können, *Minna no Nihongo shokyū I* und *II* überprüft und in Teilen überarbeitet; hierbei haben wir unsere Erfahrungen in der Redaktion und der Sprachausbildung von Praktikanten in technischen Berufen sowie die gesammelten Meinungen und Fragen zum Buch seitens der Lerner und aus der Praxis der Sprachausbildung einfließen lassen.

Die Hauptpunkte der Überarbeitung waren die Steigerung der praktischen Sprachfertigkeiten sowie Anpassungen bei Ausdrücken und Situationen im Buch, die der heutigen Zeit nicht mehr angemessen sind. Die Ansichten der Lerner und aus der Lehrpraxis respektierend, haben wir die bisherige Struktur des Lehrbuchs, mit dem „leicht zu lernen und leicht zu lehren" ist, gewahrt und die Übungen und Aufgaben erweitert. Unser Ziel war eine Stärkung der produktiven Fähigkeit, eine Situation selbst zu erfassen, darüber nachzudenken und sich auszudrücken, und nicht, dass einfach auf Anweisung passiv Übungen gemacht werden. Daher haben wir viele Illustrationen eingesetzt.

    Herzlich bedanken möchten wir uns bei allen, die bei der Herausgabe dieses Buches durch Meinungsäußerungen oder Probenutzung im Unterricht mitgewirkt haben. Auch in Zukunft werden wir Lehrmaterialien entwickeln, die nicht nur einen Beitrag zum Erwerb der von Japanischlernern benötigten kommunikativen Fähigkeiten, sondern auch zum internationalen Austausch von Mensch zu Mensch leisten, und hoffen, so Ihnen allen von Nutzen sein zu können. Wir möchten Sie bitten, weiterhin unsere Arbeit zu unterstützen und uns zu ermutigen.

Kobayashi, Takuji<br>
Präsident, 3A Corporation<br>
Januar 2013

# EINLEITUNG

## I. Aufbau

*Minna no Nihongo shokyū II 2. Auflage* besteht aus einem Lehrbuch mit einer CD und einem Buch mit Übersetzungen & grammatikalischen Erklärungen. Die Übersetzungen & grammatikalischen Erklärungen werden angefangen mit dem Englischen in 12 verschiedenen Sprachen veröffentlicht.

Das Lehrmaterial ist darauf ausgelegt, dass man sich alle vier Sprachfertigkeiten, nämlich Sprechen, Hören, Lesen und Schreiben, aneignet. Es beinhaltet allerdings keine Lese- oder Schreibübungen für *Hiragana*, *Katakana* und *Kanji*.

## II. Inhalt

### 1. Lehrbuch

#### 1) Lektionen

Das Buch umfasst die Lektionen 26 bis 50, die an *Minna no Nihongo shokyū I, 2. Auflage* (25 Lektionen) anschließen. Der Inhalt der Lektionen unterteilt sich wie folgt.

① Satzmuster

Die grundlegenden Satzmuster, die in der jeweiligen Lektion behandelt werden, werden vorgestellt.

② Beispielsätze

Kurze Dialoge im Frage-Antwort-Stil zeigen die praktische Anwendung der behandelten grundlegenden Satzmuster. Darüber hinaus werden Anwendungen der neuen Adverbien, Konjunktionen etc. und weitere Lerninhalte neben den Satzmustern aufgeführt.

③ Dialoge

In den Dialogen treten Ausländer, die in Japan leben, in unterschiedlichen Situationen auf. Die Dialoge beinhalten die Lerninhalte der jeweiligen Lektion sowie Redewendungen und Grußformeln aus dem täglichen Leben. Wenn es die Zeit erlaubt, können die Lerner versuchen, mit Hilfe des Zusatzvokabulars in den Übersetzungen & grammatikalischen Erklärungen selbst einen Dialog zu entwickeln.

④ Übungen

Die Übungen sind in drei Stufen (A, B und C) unterteilt.

Übung A ist in Tabellenform gestaltet, damit die jeweilige grammatikalische Struktur leicht verständlich dargestellt werden kann. Die Tabellenform unterstützt das systematische Lernen der grundlegenden Satzmuster, die Bildung der Flexionsformen und die Verbindungsart der jeweiligen Form.

Übung B enthält verschiedene Drillübungen und dient zur Vertiefung der grundlegenden Satzmuster. Das Zeichen ➡ zeigt Übungen mit Bildern an.

Bei Übung C handelt es sich um Übungen zur Entwicklung der kommunikativen Fähigkeiten. Man führt die Dialoge, indem man die unterstrichenen Wörter im vorgegebenen Dialog passend zur Situation austauscht; damit daraus jedoch keine einfache Ersetzungsübung wird, versuchen Sie, beim Üben die einzusetzenden Teile der vorgegebenen Sätze so zu ändern, dass Sie zu Ihrer eigenen Situation passen, den Inhalt zu erweitern und die Szene weiter zu entwickeln.

Lösungsmöglichkeiten zu Übung B und C finden sich im beiliegenden Anhang.

⑤ Aufgaben

Es gibt Hör-, Grammatik- und Leseaufgaben sowie weiterführende Aufgaben. Die Höraufgaben sind in die Beantwortung von kurzen Fragen und die Erfassung wichtiger Punkte von kurzen Dialogen unterteilt. Mit den Grammatikaufgaben werden das Vokabular und die Grammatik der jeweiligen Lektion überprüft. Bei den Leseaufgaben sollen die Lerner zusammenhängende Texte, in denen bereits gelernte Vokabeln und Grammatik verwendet werden, lesen und verschiedene Aufgaben bezüglich des Inhalts erledigen. Bei den weiterführenden Aufgaben schreiben und sprechen Sie über Themen, die in Bezug zum jeweiligen Lesetext stehen. Im Lehrbuch wird aus didaktischen Gründen eine Worttrennung durch Leerzeichen vorgenommen, doch mit Blick auf die Mittelstufe werden in den Lesetexten in *shokyū II* Wörter nicht getrennt, damit sich die Lerner schrittweise an Texte ohne Worttrennung gewöhnen.

⑥ Wiederholung

Dieser Teil dient zur Wiederholung der wesentlichen Punkte, die in der jeweiligen Lektion gelernt wurden.

⑦ Zusammenfassung zu den Adverbien, Konjunktionen und zu den Ausdrücken aus den Dialogen

Diese Aufgaben unterstützen die Lerner darin, den Überblick über die im Lehrbuch vorkommenden Adverbien, Konjunktionen und Ausdrücke aus den Dialogen zu behalten.

2) **Verbflexion**

Die Anwendung der verschiedenen Verbformen, die in diesem Buch eingeführt wurden (inklusive der Formen aus *shokyū I* ), wird zusammen mit den auf die Formen folgenden Satzmustern zusammengefasst.

3) **Übersicht der Lerninhalte**

Hier sind die im Lehrbuch vorkommenden Lerninhalte mit Fokus auf Übung A angeordnet. Die Auflistung ist so gestaltet, dass der Zusammenhang zwischen den Satzmustern und Beispielsätzen sowie Übung B und C deutlich wird.

4) **Index**

Der Index enthält die Vokabeln, idiomatischen Ausdrücke etc. der Lektionen 1 bis 50 mit Angabe der jeweiligen Lektion, in der sie zum ersten Mal eingeführt werden.

5) **CD zum Buch**
   Auf der CD befinden sich Aufnahmen der Dialoge und der Höraufgaben zu jeder Lektion.

## 2. Übersetzungen & grammatikalische Erklärungen
Lektion 26 bis 50 beinhalten:
① neues Vokabular und dessen Übersetzung
② Übersetzung der Satzmuster, Beispielsätze und Dialoge
③ Zusatzvokabular, das beim Lernen der jeweiligen Lektion nützlich ist, sowie einige Informationen über Japan
④ grammatikalische Erläuterung der Satzmuster und Ausdrücke

# III. Bearbeitungsdauer
Pro Lektion kann von einem Zeitbedarf von 4 bis 6 Stunden ausgegangen werden. Insgesamt sind 150 Unterrichtsstunden vorgesehen.

# IV. Vokabeln
Ca. 1.000 Vokabeln, im Wesentlichen solche, die im Alltag häufig verwendet werden, wurden aufgenommen.

# V. Orthographische Anmerkung
Die Verwendung von *Kanji* in diesem Buch basiert grundsätzlich auf der „*Jōyō-Kanji-Hyō* (amtliche Bekanntmachung im Jahr 1981)".

1) „*Jukujikun*" (Wörter, die aus einer Kombination von zwei oder mehr *Kanji* bestehen und eine Sonderlesung haben), die im Anhang der „*Jōyō-Kanji-Hyō*" aufgeführt sind, werden hier mit *Kanji* geschrieben.
   Bsp. 友達 (ともだち) Freund/-in   果物 (くだもの) Obst   眼鏡 (めがね) Brille

2) Eigennamen wie Namen von Ländern und Ortsnamen sowie Fachbegriffe aus den Bereichen Kunst und Kultur werden mit *Kanji* geschrieben, auch wenn diese *Kanji* und ihre Lesung nicht in der „*Jōyō-Kanji-Hyō*" stehen.
   Bsp. 大阪 (おおさか) Ōsaka   奈良 (なら) Nara   歌舞伎 (かぶき) Kabuki

3) Einige Wörter werden der Lesbarkeit halber nur in *Hiragana* geschrieben.
   Bsp. ある (有る・在る) besitzen/existieren
   たぶん (多分) vielleicht   きのう (昨日) gestern

4) Es werden grundsätzlich arabische Zahlen verwendet.
   Bsp. 9時 (じ) 9 Uhr   4月1日 (がつついたち) 1. April   1つ (ひと) ein(s)

## VI. Sonstiges

**1)** Wörter, die auch ausgelassen werden können, stehen in [ ].

   Bsp. 父は 54 [歳] です。   Mein Vater ist 54 [Jahre alt].

**2)** Wenn ein alternativer Ausdruck vorhanden ist, steht er in (    ).

   Bsp. だれ(どなた)   wer

# DIE EFFEKTIVSTE ART UND WEISE ZU LERNEN

**1. Lernen Sie die Vokabeln**
In „Übersetzungen & grammatikalische Erklärungen" wird das neue Vokabular der jeweiligen Lektion mit Übersetzung eingeführt. Bilden Sie beim Lernen kurze Sätze mit den neuen Vokabeln.

**2. Üben Sie die Satzmuster**
Üben Sie die Übungen A und B mehrfach laut, bis Sie die richtige Bedeutung der Satzmuster erfasst haben und vollkommen mit ihnen vertraut sind.

**3. Üben Sie die Dialoge**
Übung C besteht aus einzelnen kurzen Dialogen. Üben Sie nicht nur die Dialogmuster, sondern versuchen Sie, die Dialoge weiterzuführen und zu erweitern.
Die Dialoge greifen Situationen auf, die man tatsächlich im Alltag erlebt. Wenn Sie sich die Dialoge auf CD anhören und sie mit den passenden Handlungen wirklich nachspielen, werden Sie sich einen natürlichen Gesprächsablauf aneignen können.

**4. Überprüfen Sie Ihr Wissen**
Zum Abschluss der Arbeit mit der jeweiligen Lektion gibt es jeweils Übungsaufgaben.
Überprüfen Sie mit Hilfe dieser Aufgaben, ob Sie die Inhalte korrekt erfasst haben.

**5. Wenden Sie das Gelernte an**
Benutzen Sie das gelernte Japanisch im Gespräch mit Japanern. Das Gelernte sofort anzuwenden ist der schnellste Weg, Fortschritte zu machen.

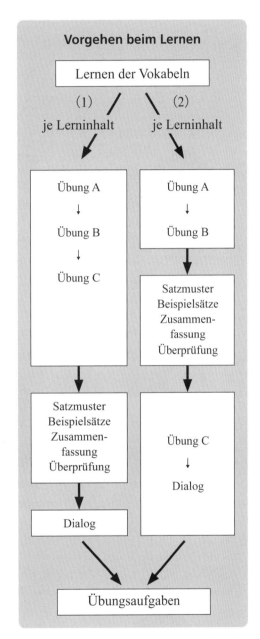

Lernen Sie nach Ablauf (1) oder (2). Die Lerninhalte sind in einer Übersicht am Ende des Buchs aufgelistet.

# AUFTRETENDE PERSONEN

**Mike Miller**
Amerikaner,
Angestellter bei IMC

**Suzuki, Yasuo**
Japaner,
Angestellter bei IMC

**Nakamura, Akiko**
Japanerin, Sektionsleiterin der
Verkaufsabteilung bei IMC

**Lee, Jin Ju**
Koreanerin,
Forscherin am AKC

**Thawaphon**
Thailänder, Student
an der Sakura-Universität

**Karina**
Indonesierin, Studentin
an der Fuji-Universität

**Ogawa, Hiroshi**
Japaner,
Nachbar von Mike Miller

**Ogawa, Yone**
Japanerin,
Mutter von Hiroshi Ogawa

**Ogawa, Sachiko**
Japanerin,
Firmenangestellte

**Karl Schmidt**
Deutscher, Ingenieur bei der
Power Electric Company

**Klara Schmidt**
Deutsche,
Deutschlehrerin

**Itō, Chiseko**
Japanerin, Lehrerin an der
Himawari-Grundschule,
Klassenlehrerin von Hans Schmidt

**Watanabe, Akemi**
Japanerin, Angestellte bei der
Power Electric Company

**Takahashi, Tōru**
Japaner, Angestellter bei der
Power Electric Company

**Hayashi, Makiko**
Japanerin, Angestellte bei der
Power Electric Company

**John Watt**
Engländer, Dozent für
Englisch an der Sakura-Universität

**Matsumoto, Tadashi**
Japaner,
Abteilungsleiter bei IMC (Ōsaka)

**Matsumoto, Yoshiko**
Japanerin, Hausfrau

**Hans**
Deutscher,
Grundschüler, 12 Jahre alt,
Sohn von Karl und Klara Schmidt

**Gupta**
Inder,
Angestellter bei IMC

**Kimura, Izumi**
Japanerin, Fernsehansagerin

※ IMC（Name einer Computersoftwarefirma）
※ AKC（アジア研究センター：Asia Research Institute）

# INHALTSVERZEICHNIS

**GRAMMATIK UND ZUSATZVOKABULAR & -INFORMATIONEN IN
みんなの日本語　初級Ⅰ　第2版** .................................................... 2
**AUSDRÜCKE FÜR DIE ANWEISUNGEN** ........................................ 6
**ZEICHEN UND ABKÜRZUNGEN** ..................................................... 7

## Lektion 26 .................................................................................. 8

Ⅰ. Vokabular
Ⅱ. Übersetzungen
　Satzmuster & Beispielsätze
　Dialog:
　　**Wohin soll ich den Müll stellen?**
Ⅲ. Zusatzvokabular & -informationen
　　**Wie man Müll trennt**

Ⅳ. Grammatik
1. V ／ い-Adj einfache Form ／ な-Adj einfache Form ／ N 〜だ→〜な　んです
2. V て-Form いただけませんか
3. Fragewort V た-Form ら いいですか
4. N（Objekt）は 好きです／嫌いです／上手です／下手です／あります etc.

## Lektion 27 .............................................................................. 14

Ⅰ. Vokabular
Ⅱ. Übersetzungen
　Satzmuster & Beispielsätze
　Dialog:
　　**Sie können ja alles bauen!**
Ⅲ. Zusatzvokabular & -informationen
　　**Geschäfte in der Nachbarschaft**

Ⅳ. Grammatik
1. Potentialverben
2. Sätze, in denen Potentialverben benutzt werden
3. 見えます und 聞こえます
4. できます
5. しか
6. Nは（Kontrast）
7. は zum Aufgreifen von Nomina mit Partikeln

## Lektion 28 — 20
Ⅰ. Vokabular
Ⅱ. Übersetzungen
   Satzmuster & Beispielsätze
   Dialog:
      **Ich habe viele Geschäftsreisen, und auch eine Prüfung...**
Ⅲ. Zusatzvokabular & -informationen
      **Zimmer-, Wohnungs- und Hausmiete**

Ⅳ. Grammatik
1. V₁ ます-Form ながら V₂
2. V て-Form います
3. einfache Form し、einfache Form し、~
4. それで
5. ～ とき + Partikel

## Lektion 29 — 26
Ⅰ. Vokabular
Ⅱ. Übersetzungen
   Satzmuster & Beispielsätze
   Dialog:
      **Ich habe leider etwas liegen lassen**
Ⅲ. Zusatzvokabular & -informationen
      **Zustand & Aussehen**

Ⅳ. Grammatik
1. V て-Form います
2. V て-Form しまいました／しまいます
3. N (Ort) に 行きます／来ます／帰ります
4. それ／その／そう
5. ありました
6. どこかで／どこかに

## Lektion 30 — 32
Ⅰ. Vokabular
Ⅱ. Übersetzungen
   Satzmuster & Beispielsätze
   Dialog:
      **Ich muss einen Notfallbeutel vorbereiten**
Ⅲ. Zusatzvokabular & -informationen
      **Im Notfall**

Ⅳ. Grammatik
1. V て-Form あります
2. V て-Form おきます
3. まだ + Bejahung
4. とか
5. Kasuspartikel + も

## Lektion 31 — 38
Ⅰ. Vokabular
Ⅱ. Übersetzungen
   Satzmuster & Beispielsätze
   Dialog:
      **Ich habe vor, Kochen zu lernen**
Ⅲ. Zusatzvokabular & -informationen
      **Fachbereiche**

Ⅳ. Grammatik
1. Intentionalform
2. Verwendung der Intentionalform
3. V Wörterbuchform ／ V ない-Form ない ｝ つもりです
4. V Wörterbuchform ／ N の ｝ 予定です
5. まだ V て-Form いません
6. 帰ります — 帰り

## Lektion 32 ........................................................................................ 44

Ⅰ. Vokabular
Ⅱ. Übersetzungen
    Satzmuster & Beispielsätze
    Dialog:
        **Sie sollten sich besser nicht übernehmen**
Ⅲ. Zusatzvokabular & -informationen
        **Wetterbericht**

Ⅳ. Grammatik
1. Vた-Form / Vない-Form ない } ほうが いいです
2. V / い-Adj einfache Form / な-Adj einfache Form / N 〜だ } でしょう
3. V / い-Adj einfache Form / な-Adj einfache Form / N 〜だ } かも しれません
4. Vます-Form ましょう
5. Zahlwort で
6. 何か 心配な こと

## Lektion 33 ........................................................................................ 50

Ⅰ. Vokabular
Ⅱ. Übersetzungen
    Satzmuster & Beispielsätze
    Dialog:
        **Was für eine Bedeutung hat das?**
Ⅲ. Zusatzvokabular & -informationen
        **Schilder**

Ⅳ. Grammatik
1. Imperativ- und Verbotsform
2. Verwendung der Imperativ- und Verbotsform
3. 〜と 書いて あります／〜と 読みます
4. XはYと いう 意味です
5. „S" einfache Form } と 言って いました
6. „S" einfache Form } と 伝えて いただけませんか

## Lektion 34 ........................................................................................ 56

Ⅰ. Vokabular
Ⅱ. Übersetzungen
    Satzmuster & Beispielsätze
    Dialog:
        **Machen Sie es bitte genauso, wie ich es gemacht habe**
Ⅲ. Zusatzvokabular & -informationen
        **Kochen**

Ⅳ. Grammatik
1. $V_1$た-Form / Nの } とおりに、$V_2$
2. $V_1$た-Form / Nの } あとで、$V_2$
3. $V_1$て-Form / $V_1$ない-Form ないで } $V_2$

## Lektion 35 — 62

I. Vokabular
II. Übersetzungen
　　Satzmuster & Beispielsätze
　　Dialog:
　　　**Kennen Sie vielleicht einen guten Ort?**
III. Zusatzvokabular & -informationen
　　**Sprichwörter**

IV. Grammatik
　1. Bildung der Konditionalform
　2. Konditionalform、～
　3. Fragewort V Konditionalform いいですか
　4. Nなら、～
　5. ～は ありませんか（verneinter Fragesatz）

## Lektion 36 — 68

I. Vokabular
II. Übersetzungen
　　Satzmuster & Beispielsätze
　　Dialog:
　　　**Ich bemühe mich, jeden Tag Sport zu machen**
III. Zusatzvokabular & -informationen
　　**Gesundheit**

IV. Grammatik
　1. $V_1$ Wörterbuchform ／ $V_1$ ない-Form ない ｝ ように、$V_2$
　2. V Wörterbuchform ように なります
　3. V Wörterbuchform ／ V ない-Form ない ｝ ように します
　4. 早い→早く　上手な→上手に

## Lektion 37 — 74

I. Vokabular
II. Übersetzungen
　　Satzmuster & Beispielsätze
　　Dialog:
　　　**Der Kinkaku-Tempel wurde im 14. Jahrhundert erbaut**
III. Zusatzvokabular & -informationen
　　**Unfall & Verbrechen**

IV. Grammatik
　1. Passivverben
　2. $N_1$（Person₁）は $N_2$（Person₂）に V Passiv
　3. $N_1$（Person₁）は $N_2$（Person₂）に $N_3$ を V Passiv
　4. N（Gegenstand/Sache）が／は V Passiv
　5. Nから／Nで つくります
　6. $N_1$ の $N_2$
　7. この／その／あの N（Position）

## Lektion 38 — 80

Ⅰ. Vokabular
Ⅱ. Übersetzungen
   Satzmuster & Beispielsätze
   Dialog:
      **Ich mag es, aufzuräumen**
Ⅲ. Zusatzvokabular & -informationen
      **Position**

Ⅳ. Grammatik
1. nominalisierendes の
2. V Wörterbuchform のは Adj です
3. V Wörterbuchform のが Adj です
4. V Wörterbuchform のを 忘れました
5. V einfache Form のを 知って いますか
6. V / い-Adj einfache Form / な-Adj einfache Form / N₁ 〜だ→〜な } のは N₂です

## Lektion 39 — 86

Ⅰ. Vokabular
Ⅱ. Übersetzungen
   Satzmuster & Beispielsätze
   Dialog:
      **Entschuldigung, dass ich mich verspätet habe**
Ⅲ. Zusatzvokabular & -informationen
      **Gefühle**

Ⅳ. Grammatik
1. 〜て(で)、〜
2. V / い-Adj einfache Form / な-Adj einfache Form / N 〜だ→〜な } ので、〜
3. 途中で

## Lektion 40 — 92

Ⅰ. Vokabular
Ⅱ. Übersetzungen
   Satzmuster & Beispielsätze
   Dialog:
      **Ich mache mir Sorgen, ob er Freunde gefunden hat**
Ⅲ. Zusatzvokabular & -informationen
      **Einheiten, Linien, Formen & Muster**

Ⅳ. Grammatik
1. V / い-Adj einfache Form / な-Adj einfache Form / N 〜だ } か、〜
2. V / い-Adj einfache Form / な-Adj einfache Form / N 〜だ } か どうか、〜
3. V て-Form みます
4. い-Adj (〜い)→〜さ
5. 〜でしょうか

## Lektion 41 — 98
  I. Vokabular
  II. Übersetzungen
     Satzmuster & Beispielsätze
     Dialog:
        **Herzlichen Glückwunsch zur Hochzeit!**
  III. Zusatzvokabular & -informationen
        **Nützliche Informationen**
  IV. Grammatik
     1. Ausdrücke für das Geben und Bekommen
     2. Das Geben und Bekommen von Handlungen
     3. Vて-Form くださいませんか
     4. Nに V

## Lektion 42 — 104
  I. Vokabular
  II. Übersetzungen
     Satzmuster & Beispielsätze
     Dialog:
        **Wofür benutzen Sie Ihren Bonus?**
  III. Zusatzvokabular & -informationen
        **Bürobedarf & Werkzeug**
  IV. Grammatik
     1. V Wörterbuchform / Nの } ために、～
     2. V Wörterbuchform の / N } に ～
     3. Zahlwort は／も
     4. ～に よって

## Lektion 43 — 110
  I. Vokabular
  II. Übersetzungen
     Satzmuster & Beispielsätze
     Dialog:
        **Es sieht so aus, dass es ihm jeden Tag Spaß macht**
  III. Zusatzvokabular & -informationen
        **Charakter & Natur**
  IV. Grammatik
     1. ～そうです
     2. Vて-Form 来ます
     3. Vて-Form くれませんか

## Lektion 44 — 116
  I. Vokabular
  II. Übersetzungen
     Satzmuster & Beispielsätze
     Dialog:
        **Machen Sie es bitte wie auf diesem Foto hier**
  III. Zusatzvokabular & -informationen
        **Friseursalon**
  IV. Grammatik
     1. Vます-Form / い-Adj (～い) / な-Adj [な] } すぎます
     2. Vます-Form { やすいです / にくいです
     3. N₁ を { い-Adj (～い)→～く / な-Adj [な]→～に / N₂ に } します
     4. Nに します

## Lektion 45 — 122

Ⅰ. Vokabular
Ⅱ. Übersetzungen
   Satzmuster & Beispielsätze
   Dialog:
      **Was soll man machen, falls man die falsche Strecke genommen hat?**
Ⅲ. Zusatzvokabular & -informationen
      **Krankenhaus**

Ⅳ. Grammatik
1. V Wörterbuchform ⎫
   Vない-Form ない ⎪
   Vた-Form ⎬ 場合は、～
   い-Adj（～い）⎪
   な-Adj な ⎪
   Nの ⎭
2. V ⎫
   い-Adj ⎬ einfache Form ⎫
   な-Adj einfache Form ⎬ のに、～
   N ～だ→～な ⎭

## Lektion 46 — 128

Ⅰ. Vokabular
Ⅱ. Übersetzungen
   Satzmuster & Beispielsätze
   Dialog:
      **Obwohl ich ihn erst letzte Woche habe reparieren lassen, wieder...**
Ⅲ. Zusatzvokabular & -informationen
      **Ursprung der *Katakana*-Wörter**

Ⅳ. Grammatik
1. V Wörterbuchform ⎫
   Vて-Form いる ⎬ ところです
   Vた-Form ⎭
2. Vた-Form ばかりです
3. V Wörterbuchform ⎫
   Vない-Form ない ⎪
   い-Adj（～い）⎬ はずです
   な-Adj な ⎪
   Nの ⎭

## Lektion 47 — 134

Ⅰ. Vokabular
Ⅱ. Übersetzungen
   Satzmuster & Beispielsätze
   Dialog:
      **Sie soll sich verlobt haben**
Ⅲ. Zusatzvokabular & -informationen
      **Lautmalereien & Wörter, die einen Zustand oder Eindruck beschreiben**

Ⅳ. Grammatik
1. einfache Form そうです
2. V ⎫
   い-Adj ⎬ einfache Form ⎫
   な-Adj einfache Form ～だ→～な ⎬ ようです
   N einfache Form ～だ→～の ⎭
3. 声／音／におい／味 が します

## Lektion 48 — 140

Ⅰ. **Vokabular**
Ⅱ. **Übersetzungen**
   Satzmuster & Beispielsätze
   Dialog:
   **Dürfte ich mir frei nehmen?**
Ⅲ. **Zusatzvokabular & -informationen**
   **Manieren beibringen & disziplinieren**

Ⅳ. **Grammatik**
   1. Kausativverben
   2. Sätze mit Kausativverben
   3. Verwendung der Kausativverben
   4. V Kausativ て-Form いただけませんか

## Lektion 49 — 146

Ⅰ. **Vokabular**
Ⅱ. **Übersetzungen**
   Satzmuster & Beispielsätze
   Dialog:
   **Richten Sie bitte viele Grüße von mir aus**
Ⅲ. **Zusatzvokabular & -informationen**
   **Jahresfeste**

Ⅳ. **Grammatik**
   1. 敬語（けいご）(Höflichkeitssprache)
   2. 尊敬語（そんけいご）(ehrerbietige Ausdrücke)
   3. Höflichkeitssprache und Satzstil
   4. ～まして
   5. ～ますので

## Lektion 50 — 152

Ⅰ. **Vokabular**
Ⅱ. **Übersetzungen**
   Satzmuster & Beispielsätze
   Dialog:
   **Ich bedanke mich von ganzem Herzen**
Ⅲ. **Zusatzvokabular & -informationen**
   **Wie man Adressen auf Briefumschläge und Postkarten schreibt**

Ⅳ. **Grammatik**
   1. 謙譲語（けんじょうご）Ⅰ
      (bescheidene Ausdrücke Ⅰ - Verben)
   2. 謙譲語（けんじょうご）Ⅱ
      (bescheidene Ausdrücke Ⅱ - Verben)

# GRAMMATIK UND ZUSATZVOKABULAR & -INFORMATIONEN IN みんなの日本語　初級Ⅰ　第2版

## Lektion 1
1. N₁ は N₂ です
2. N₁ は N₂ じゃ(では) ありません
3. N₁ は N₂ ですか
4. N も
5. N₁ の N₂
6. ～さん

**Zusatzvokabular & -informationen**
　Länder, Menschen & Sprachen

## Lektion 2
1. これ／それ／あれ
2. この N ／その N ／あの N
3. そうです
4. ～か、～か
5. N₁ の N₂
6. の als Ersatz für ein Nomen
7. お～
8. そうですか

**Zusatzvokabular & -informationen**
　Familiennamen

## Lektion 3
1. ここ／そこ／あそこ／こちら／そちら／あちら
2. N は Ort です
3. どこ／どちら
4. N₁ の N₂
5. Das こ／そ／あ／ど- System (Demonstrativa)
6. お～

**Zusatzvokabular & -informationen**
　Kaufhaus

## Lektion 4
1. 今 －時－分です
2. V ます／V ません／V ました／V ませんでした
3. N (Zeit) に V
4. N₁ から N₂ まで
5. N₁ と N₂
6. ～ね

**Zusatzvokabular & -informationen**
　Telefon & Briefe

## Lektion 5
1. N (Ort) へ 行きます／来ます／帰ります
2. どこ[へ]も 行きません／行きませんでした
3. N (Fahrzeug) で 行きます／来ます／帰ります
4. N (Person/Tier) と V
5. いつ
6. ～よ
7. そうですね

**Zusatzvokabular & -informationen**
　Feiertage

## Lektion 6
1. N を V (transitiv)
2. N を します
3. 何を しますか
4. なん und なに
5. N (Ort) で V
6. V ませんか
7. V ましょう
8. ～か

**Zusatzvokabular & -informationen**
　Lebensmittel

## Lektion 7
1. N (Mittel/Methode) で V
2. „Wort/Satz" は ～語で 何ですか
3. N₁ (Person) に N₂ を あげます etc.
4. N₁ (Person) に N₂ を もらいます etc.
5. もう V ました
6. Weglassen von Partikeln

**Zusatzvokabular & -informationen**
　Familie

## Lektion 8
1. Adjektive
2. N は な-Adj [な] です
　 N は い-Adj (～い) です
3. な-Adj な N
　 い-Adj (～い) N
4. ～が、～
5. とても／あまり
6. N は どうですか
7. N₁ は どんな N₂ ですか
8. そうですね

**Zusatzvokabular & -informationen**
　Farben & Geschmack

## Lektion 9
1. N が あります／わかります
　 N が 好きです／嫌いです／
　 上手です／下手です
2. どんな N
3. よく／だいたい／たくさん／少し／
　 あまり／全然
4. ～から、～
5. どうして

**Zusatzvokabular & -informationen**
　Musik, Sport & Filme

## Lektion 10
1. N が あります／います
2. Ort に N が あります／います
3. N は Ort に あります／います
4. N₁ (Gegenstand/Person/Ort) の
　 N₂ (Position)
5. N₁ や N₂
6. アジアストアですか

**Zusatzvokabular & -informationen**
　Im Haus

## Lektion 11
1. Ausdrücke für Zahlen und Mengen
2. Verwendung der Zahlwörter
3. Zahlwort (Zeitdauer) に 一回 V
4. Zahlwort だけ／N だけ

**Zusatzvokabular & -informationen**
　Speisekarte

## Lektion 12
1. Tempus, Bejahung und Verneinung bei Sätzen mit Prädikatsnomen und Prädikatsadjektiv (な-Adjektiv)
2. Tempus, Bejahung und Verneinung bei Sätzen mit Prädikatsadjektiv (い-Adjektiv)
3. N₁ は N₂ より Adj です
4. N₁ と N₂ と どちらが Adj ですか
　……N₁／N₂ の ほうが Adj です
5. N₁ [の 中] で 何／どこ／だれ／
　 いつ が いちばん Adj ですか
　……N₂ が いちばん Adj です
6. Adj の (の als Ersatz für ein Nomen)

**Zusatzvokabular & -informationen**
　Feste & Sehenswürdigkeiten

## Lektion 13
1. Nが 欲(ほ)しいです
2. Vます-Form たいです
3. N (Ort) へ $\begin{Bmatrix} \text{V ます-Form} \\ \text{N} \end{Bmatrix}$ に
   行(い)きます／来(き)ます／帰(かえ)ります
4. どこか／何(なに)か
5. ご～

**Zusatzvokabular & -informationen**
 **In der Stadt**

## Lektion 14
1. Verbgruppen
2. Vて-Form
3. Vて-Form ください
4. Vて-Form います
5. Vます-Form ましょうか
6. Nが V
7. すみませんが

**Zusatzvokabular & -informationen**
 **Bahnhof**

## Lektion 15
1. Vて-Form も いいですか
2. Vて-Form は いけません
3. Vて-Form います
4. Nに V
5. $N_1$ に $N_2$ を V

**Zusatzvokabular & -informationen**
 **Berufe**

## Lektion 16
1. Verbindung von zwei oder mehr Sätzen
2. $V_1$ て-Form から、$V_2$
3. $N_1$ は $N_2$ が Adj
4. Nを V
5. どうやって
6. どれ／どの N

**Zusatzvokabular & -informationen**
 **Wie man Geldautomaten benutzt**

## Lektion 17
1. Vない-Form
2. Vない-Form ないで ください
3. Vない-Form なければ なりません
4. Vない-Form なくても いいです
5. Thematisierung des Objekts
6. N (Zeit) までに V

**Zusatzvokabular & -informationen**
 **Körper & Krankheiten**

## Lektion 18
1. Verb Wörterbuchform
2. N
   V Wörterbuchform こと $\Big\}$ が できます
3. わたしの 趣味(しゅみ)は
   $\begin{Bmatrix} \text{N} \\ \text{V Wörterbuchform こと} \end{Bmatrix}$ です
4. $V_1$ Wörterbuchform
   Nの
   Zahlwort (Zeitraum) $\Big\}$ まえに、$V_2$
5. なかなか
6. ぜひ

**Zusatzvokabular & -informationen**
 **Bewegungen**

## Lektion 19
1. Vた-Form
2. Vた-Form ことが あります
3. $V_1$ た-Form り、$V_2$ た-Form り します
4. い-Adj (～い)→～く
   な-Adj [な]→～に $\Big\}$ なります
   Nに

**Zusatzvokabular & -informationen**
 **Traditionelle Kultur & Unterhaltung**

## Lektion 20
1. Höflicher und einfacher Stil
2. Der Gebrauch von höflichem und einfachem Stil
3. Dialoge im einfachen Stil

**Zusatzvokabular & -informationen**
   Anrede

## Lektion 21
1. einfache Form と 思います
2. „S" einfache Form } と 言います
3. V / い-Adj einfache Form / な-Adj einfache Form / N ～だ } でしょう？
4. N₁ (Ort) で N₂ が あります
5. N (Szene, Situation) で
6. N でも V
7. V ない-Form ないと……

**Zusatzvokabular & -informationen**
   Positionsbezeichnung in der Gesellschaft

## Lektion 22
1. Nähere Bestimmung von Nomina
2. V Wörterbuchform 時間／約束／用事
3. V ます-Form ましょうか

**Zusatzvokabular & -informationen**
   Kleidung

## Lektion 23
1. V Wörterbuchform / V ない-Form ない / い-Adj (～い) / な-Adj な / N の } とき、～(Hauptsatz)
2. V Wörterbuchform / V た-Form } とき、～(Hauptsatz)
3. V Wörterbuchform と、～ (Hauptsatz)
4. N が Adj
5. N を V (Bewegung)

**Zusatzvokabular & -informationen**
   Straßen & Verkehr

## Lektion 24
1. くれます
2. V て-Form { あげます / もらいます / くれます
3. N₁ は N₂ が V

**Zusatzvokabular & -informationen**
   Geschenksitten & -bräuche

## Lektion 25
1. einfache Vergangenheitsform ら、～(Hauptsatz)
2. V た-Form ら、～(Hauptsatz)
3. V て-Form / V ない-Form なくて / い-Adj (～い)→～くて / な-Adj [な]→～で / N で } も、～(Hauptsatz)
4. もし
5. Das Subjekt im Nebensatz

**Zusatzvokabular & -informationen**
   Das Leben

# AUSDRÜCKE FÜR DIE ANWEISUNGEN

| 第一課 | Lektion – | 名詞 | Nomen |
|---|---|---|---|
| 文型 | Satzmuster | 動詞 | Verb |
| 例文 | Beispielsatz | 自動詞 | intransitives Verb |
| 会話 | Dialog | 他動詞 | transitives Verb |
| 練習 | Übung | 形容詞 | Adjektiv |
| 問題 | Aufgabe | い形容詞 | い-Adjektiv |
| 答え | Antwort | な形容詞 | な-Adjektiv |
| 読み物 | Lesetext | 助詞 | Partikel |
| 復習 | Wiederholung | 副詞 | Adverb |
| | | 接続詞 | Konjunktion |
| 目次 | Inhaltsverzeichnis | 数詞 | Zahlwort |
| | | 助数詞 | Zähleinheitssuffix |
| 索引 | Index | 疑問詞 | Fragewort |
| 文法 | Grammatik | 名詞文 | Satz mit Prädikatsnomen |
| 文 | Satz | 動詞文 | Satz mit verbalem Prädikat |
| | | 形容詞文 | Satz mit Prädikatsadjektiv |
| 単語(語) | Wort | 主語 | Subjekt |
| 句 | Phrase | 述語 | Prädikat |
| 節 | Satzglied | 目的語 | Objekt |
| 発音 | Aussprache | 主題 | Thema |
| 母音 | Vokal | | |
| 子音 | Konsonant | 肯定 | Bejahung |
| 拍 | Mora | 否定 | Verneinung |
| アクセント | Akzent | 完了 | Perfekt |
| イントネーション | Intonation | 未完了 | Imperfekt |
| | | 過去 | Vergangenheit |
| [か]行 | [か]-Zeile | 非過去 | Nichtvergangenheit |
| [い]列 | [い]-Spalte | | |
| | | 可能 | Potential |
| 丁寧体 | höflicher Stil | 意向 | Intentional |
| 普通体 | einfacher Stil | 命令 | Imperativ |
| 活用 | Flexion | 禁止 | Prohibitiv/Verbot |
| フォーム | Form | 条件 | Konditional |
| ～形 | ～Form | 受身 | Passiv |
| 修飾 | (nähere) Bestimmung | 使役 | Kausativ |
| 例外 | Ausnahme | 尊敬 | Ehrerbietigkeit |
| | | 謙譲 | Bescheidenheit |

# ZEICHEN UND ABKÜRZUNGEN

### 1. In „I. Vokabular" verwendete Symbole

① ～ steht für ein Wort oder eine Phrase.

　　Bsp. ～から 来ました。　Ich komme aus ～.

② － steht für eine Zahl.

　　Bsp. －歳　－ Jahre alt

③ Wörter bzw. Phrasen, die weggelassen werden können, stehen in eckigen Klammern.

　　Bsp. どうぞ よろしく［お願いします］。　Es freut mich, Sie kennen zu lernen!

④ Alternative Ausdrücke stehen in runden Klammern.

　　Bsp. だれ（どなた）　wer

⑤ Wörter, die mit einem ＊ versehen sind, werden in der betreffenden Lektion nicht benutzt, sind aber aufgeführt, da sie mit dem Inhalt in Zusammenhang stehen.

⑥ Unter 〈会話〉 (Dialog) werden die Wörter und Ausdrücke aufgelistet, die im Dialog vorkommen.

⑦ Unter 〈読み物〉 (Lesetext) werden die Vokabeln und Ausdrücke aufgelistet, die in den Lesetexten vorkommen.

⑧ ※ zeigt an, dass es sich um einen Eigennamen handelt.

### 2. In „IV. Grammatik" verwendete Abkürzungen

| | | | |
|---|---|---|---|
| N | Nomen（名詞） | Bsp. | がくせい (Student/-in) |
| | | | つくえ (Schreibtisch) |
| い-Adj | い-Adjektiv（い形容詞） | Bsp. | おいしい (köstlich, lecker) |
| | | | たかい (teuer, hoch) |
| な-Adj | な-Adjektiv（な形容詞） | Bsp. | きれい［な］(hübsch, schön, sauber) |
| | | | しずか［な］(still, ruhig) |
| V | Verb（動詞） | Bsp. | かきます (schreiben) |
| | | | たべます (essen) |
| S | Satz（文） | Bsp. | これは 本です。Das ist ein Buch. |
| | | | わたしは あした 東京へ 行きます。 |
| | | | Ich fahre morgen nach Tōkyō. |

# Lektion 26

## I. Vokabular

| | | |
|---|---|---|
| みます II | 見ます、診ます | untersuchen, überprüfen, korrigieren |
| さがします I | 探します、捜します | suchen |
| おくれます II ［じかんに〜］ | 遅れます ［時間に〜］ | sich [zu einer vereinbarten Zeit] verspäten |
| まに あいます I ［じかんに〜］ | 間に 合います ［時間に〜］ | [zu einer vereinbarten Zeit] noch rechtzeitig sein/ankommen/schaffen |
| やります I | | machen, tun |
| ひろいます I | 拾います | finden |
| れんらくします III | 連絡します | sich in Verbindung setzen, Bescheid geben |
| | | |
| きぶんが いい* | 気分が いい | sich gut fühlen |
| きぶんが わるい | 気分が 悪い | sich schlecht fühlen |
| | | |
| うんどうかい | 運動会 | Sportfest |
| ぼんおどり | 盆踊り | *Bon*-Tanz |
| フリーマーケット | | Flohmarkt |
| ばしょ | 場所 | Ort, Platz |
| ボランティア | | ehrenamtliche Tätigkeiten, ehrenamtliche Helfer |
| | | |
| さいふ | 財布 | Portemonnaie |
| ごみ | | Müll, Abfall, Staub |
| | | |
| こっかいぎじどう | 国会議事堂 | Parlamentsgebäude |
| | | |
| へいじつ | 平日 | Werktag, unter der Woche |
| | | |
| 〜べん | 〜弁 | 〜-Dialekt |
| | | |
| こんど | 今度 | diesmal, nächstes Mal, ein anderes Mal |
| ずいぶん | | ziemlich, wirklich, sehr (mehr als man erwartet hat) |
| ちょくせつ | 直接 | direkt, unmittelbar |
| | | |
| いつでも | | jederzeit |
| どこでも* | | überall |
| だれでも* | | jeder |
| なんでも* | 何でも | alles, was auch immer |
| | | |
| こんな 〜* | | so ein/-e 〜 |
| そんな 〜 | | so ein/-e 〜 (nah beim Gesprächspartner) |
| あんな 〜* | | so ein/-e 〜 (sowohl vom Sprecher als auch vom Gesprächspartner entfernt) |

| | |
|---|---|
| ※エドヤストア | fiktiver Laden |

**〈会話〉**

| | |
|---|---|
| 片づきますⅠ［荷物が～］ | eingeräumt werden, aufgeräumt werden, [Umzugskartons] werden ein- und ausgeräumt |
| 出しますⅠ［ごみを～］ | [Müll] rausstellen |
| 燃えるごみ | brennbarer Müll |
| 置き場 | Abstellplatz, Stellplatz |
| 横 | die Seite, neben |
| 瓶 | Flasche |
| 缶 | Dose |
| ガス | Gas |
| ～会社 | ～firma, ～büro |

**〈読み物〉**

| | |
|---|---|
| 宇宙 | Weltall |
| ～様 | Herr/Frau ～（ehrerbietiger Ausdruck für ～さん） |
| 宇宙船 | Raumschiff |
| 怖い | Angst haben |
| 宇宙ステーション | Raumstation |
| 違いますⅠ | anders sein, sich unterscheiden |
| 宇宙飛行士 | Astronaut/-in |
| ※星出彰彦 | jap. Astronaut（1968-) |

## II. Übersetzungen

**Satzmuster**
1. Ab morgen reise ich.
2. Ich möchte gerne Ikebana lernen. Könnten Sie mir bitte eine/-n gute/-n Lehrer/-in empfehlen (wörtl. vorstellen)?

**Beispielsätze**
1. Frau Watanabe, Sie sprechen (wörtl. benutzen) manchmal Ōsaka-Dialekt, nicht wahr? Haben Sie in Ōsaka gewohnt?
   ······Ja, bis (zu meinem) 15 (. Lebensjahr) habe ich in Ōsaka gewohnt.
2. Ihre Schuhe haben ein interessantes Design! Wo haben Sie sie gekauft?
   ······Im Edoya-Store (habe ich sie gekauft). Es sind spanische Schuhe.
3. Warum haben Sie sich verspätet?
   ······Der Bus ist nicht gekommen (wörtl. Weil der Bus nicht gekommen ist).
4. Gehen Sie oft zum Karaoke?
   ······Nein, (ich gehe) nicht so oft. Ich mag kein Karaoke (wörtl. Weil ich kein Karaoke mag).
5. Ich habe auf Japanisch eine Hausarbeit geschrieben. Könnten Sie sie sich bitte kurz anschauen?
   ······Ja, klar!
6. Ich möchte gerne das Parlamentsgebäude besichtigen. Wie kann ich das machen (wörtl. Wie soll ich das machen)?
   ······Sie gehen am besten direkt hin. Unter der Woche kann man es jederzeit besichtigen.

**Dialog**

### Wohin soll ich den Müll stellen?

Hausmeister: Herr Miller, sind die Umzugskartons schon ausgepackt, und haben Sie alles aufgeräumt?
Miller: Ja, ich habe fast alles aufgeräumt.
Äh, ich möchte gerne den Müll wegwerfen. Wohin soll ich ihn stellen?
Hausmeister: Den brennbaren Müll stellen Sie bitte montags- und donnerstagsmorgens raus. Der Müllabstellplatz ist neben dem Parkplatz.
Miller: Wann soll man Flaschen und Dosen herausstellen?
Hausmeister: Samstags.
Miller: Alles klar. Ach, und ich bekomme kein warmes Wasser.
Hausmeister: Wenn Sie die Gasfirma kontaktieren, kommt sofort jemand.
Miller: Entschuldigung, aber könnten Sie mir die Telefonnummer geben?
Hausmeister: Ja, selbstverständlich!

## III. Zusatzvokabular & -informationen

### ごみの出し方　　Wie man Müll trennt

Um den Müll zu reduzieren und zu recyceln, wird der Haushaltsmüll vorsortiert und an verschiedenen Tagen abgeholt. Sammelorte und Abhol- bzw. Sammeltage sind je nach Bezirk anders, doch im Allgemeinen wird der Müll wie folgt getrennt.

#### ごみ収集日のお知らせ
#### Information zu den Abholtagen der Müllabfuhr

可燃ごみ（燃えるごみ）　　収集日：月曜日・木曜日
brennbarer Müll　　　　　　Abholtage: Montag & Donnerstag
生ごみ、紙くずなど
Biomüll, Papier etc.

不燃ごみ（燃えないごみ）　　収集日：水曜日
nicht brennbarer Müll　　　　Abholtag: Mittwoch
ガラス製品、瀬戸物、金属製台所用品など
Glasprodukte, Porzellan, Küchenutensilien aus Metall etc.

資源ごみ　　　　　　　　　　収集日：第2、第4火曜日
recycelbarer Müll　　　　　　Abholtage: zweiter und vierter Dienstag im Monat
缶、瓶、ペットボトルなど
Dosen, Flaschen, PET-Flaschen etc.

粗大ごみ　　　　　　　　　　事前申し込み
Sperrmüll　　　　　　　　　　vorherige Anmeldung erforderlich
家具、自転車など
Möbel, Fahrräder etc.

## IV. Grammatik

**1.**

| | | |
|---|---|---|
| V | einfache Form | |
| い-Adj | einfache Form | んです |
| な-Adj | 〜だ→〜な | |
| N | | |

〜んです wird in der gesprochenen Sprache benutzt und wird in der Schriftsprache 〜のです.
〜んです wird folgendermaßen verwendet.

1) 〜んですか

　（1）Wenn der Sprecher zu etwas, das er gesehen oder gehört hat, eine Bestätigung einholt oder eine Erklärung verlangt.

　① （ぬれた傘を持っている人を見て）雨が降っているんですか。
　　　(Der Sprecher sieht jemanden, der einen nassen Regenschirm in der Hand hat) Regnet es (gerade)?

　（2）Wenn der Sprecher genauere Erklärungen zu etwas verlangt, das er gesehen oder gehört hat.

　② おもしろい デザインの 靴ですね。どこで 買ったんですか。
　　　Ihre Schuhe haben ein interessantes Design! Wo haben Sie sie gekauft?

　（3）Wenn der Sprecher vom Gesprächspartner die Erklärung des Grundes in Bezug auf etwas, das der Sprecher gesehen oder gehört hat, verlangt.

　③ どうして 遅れたんですか。　　　Warum haben Sie sich verspätet?

　（4）Wenn man die Erklärung einer Sachlage verlangt.

　④ どう したんですか。　　　Was ist denn los?

　[Anm.] Wenn man 〜んですか benutzt, wenn es nicht benötigt wird, kann es dem Gesprächspartner unangenehm sein. Dies sollte man bei der Verwendung beachten.

2) 〜んです

　（1）Wenn man auf Fragen mit 〜んですか wie die oben genannten (3) und (4) von 1) antwortet und Gründe angibt.

　⑤ どうして 遅れたんですか。　　　Warum haben Sie sich verspätet?
　　　……バスが 来なかったんです。
　　　…… Der Bus ist nicht gekommen (wörtl. Weil der Bus nicht gekommen ist).

　⑥ どう したんですか。　　　Was ist denn los?
　　　……ちょっと 気分が 悪いんです。　　　…… Ich fühle mich ein bisschen schlecht.

　（2）Wenn der Sprecher einen Grund für etwas angibt, das er gesagt hat.

　⑦ よく カラオケに 行きますか。
　　　……いいえ、あまり 行きません。カラオケは 好きじゃ ないんです。
　　　Gehen Sie oft zum Karaoke?
　　　…… Nein, (ich gehe) nicht so oft. Ich mag kein Karaoke (wörtl. Weil ich kein Karaoke mag).

　[Anm.] 〜んです wird nicht verwendet, wenn man keinen Grund, sondern nur eine Tatsache äußert.

　　　×わたしは マイク・ミラーなんです。

3) ～んですが、～

～んですが hat die Funktion, ein Gesprächsthema anzuschneiden. Darauf folgt eine Bitte, eine Aufforderung, ein Ausdruck zum Bitten um Erlaubnis etc. In diesem Fall wird が als leichte Einleitung benutzt (s. L. 14). Wie bei ⑩ kann der auf ～んですが folgende Inhalt weggelassen werden, wenn er offensichtlich ist.

⑧ 頭が 痛いんですが、帰っても いいですか。
 Ich habe Kopfschmerzen. Darf ich nach Hause gehen?

⑨ 来週 友達と スキーに 行くんですが、ミラーさんも いっしょに 行きませんか。
 Nächste Woche gehe ich mit meinen Freunden Skifahren. Wollen Sie nicht auch mitfahren, Herr Miller?

⑩ お湯が 出ないんですが……。    Es kommt kein warmes Wasser (raus)...

2. | V て -Form いただけませんか |  Könnten Sie bitte etw. machen/tun?

Das ist eine höflichere Konstruktion für eine Bitte als ～て ください.

⑪ いい 先生を 紹介して いただけませんか。
 Könnten Sie mir bitte eine/-n gute/-n Lehrer/-in empfehlen (wörtl. vorstellen)?

3. | Fragewort V た -Form ら いいですか |  (Fragewort) soll ich ～?

Mit diesem Ausdruck wird nach einem Rat oder einer Anweisung gefragt.

⑫ どこで カメラを 買ったら いいですか。   Wo kaufe ich am besten eine Kamera?
 ……ABC ストアが 安いですよ。
 …… Da ist der ABC-Store günstig (wörtl. Der ABC-Store ist günstig)!

⑬ 国会議事堂を 見学したいんですが、どう したら いいですか。
 ……直接 行ったら いいですよ。
 Ich möchte gerne das Parlamentsgebäude besichtigen. Wie kann ich das machen (wörtl. Wie soll ich das machen)?
 ……Sie gehen am besten direkt hin.

Wie bei der Antwort von ⑬ kann man mit der Ausdrucksweise V た -Form ら いいですよ dem Gesprächspartner etwas raten oder empfehlen.

4. | N(Objekt)は { 好きです／嫌いです  N mögen/nicht mögen
             上手です／下手です  in N geschickt/ungeschickt sein
             あります etc.      N haben etc. |

⑭ よく カラオケに 行きますか。       Gehen Sie oft zum Karaoke?
 ……いいえ、あまり 行きません。カラオケは 好きじゃ ないんです。
 …… Nein, (ich gehe) nicht so oft. Ich mag kein Karaoke (wörtl. Weil ich kein Karaoke mag).

Sie haben in Band I (L. 17) gelernt, wie Objekte, die mit der Partikel を markiert sind, als Thema eines Satzes aufgegriffen werden. Wie bei ⑭ können auch Nomina, die mit der Partikel が markiert sind und Objekte von Ausdrücken wie z.B. すきです sind, als Thema eines Satzes aufgegriffen werden.

# Lektion 27

## I. Vokabular

| | | |
|---|---|---|
| かいますⅠ | 飼います | (ein Tier) halten, haben |
| はしりますⅠ<br>［みちを～］ | 走ります<br>［道を～］ | [die Straße entlang] laufen, rennen, fahren |
| みえますⅡ<br>［やまが～］ | 見えます<br>［山が～］ | man kann [einen Berg] sehen, sichtbar sein |
| きこえますⅡ<br>［おとが～］ | 聞こえます<br>［音が～］ | man kann [den Ton] hören, hörbar sein |
| できますⅡ<br>［みちが～］ | <br>［道が～］ | [eine Straße] wird gebaut/fertig/vollendet |
| ひらきますⅠ<br>［きょうしつを～］ | 開きます<br>［教室を～］ | [einen Kurs] anbieten, eröffnen, abhalten |
| | | |
| しんぱい［な］ | 心配［な］ | besorgt |
| | | |
| ペット | | Haustier |
| とり | 鳥 | Vogel |
| | | |
| こえ | 声 | Stimme |
| なみ | 波 | Welle |
| はなび | 花火 | Feuerwerk |
| | | |
| どうぐ | 道具 | Werkzeug, Utensilien, Ausrüstung |
| クリーニング | | chemische Reinigung |
| | | |
| いえ | 家 | Haus |
| マンション | | Apartment, Etagenhaus |
| キッチン | | Küche |
| ～きょうしつ | ～教室 | ～kurs, ～unterricht |
| パーティールーム | | Partyraum |
| | | |
| かた | 方 | Person, Herr, Dame（ehrerbietiges Wort für ひと） |
| | | |
| ～ご | ～後 | nach ～ (im zeitlichen Sinn) |
| ～しか | | nur ～, nichts außer ～（wird mit Verneinung verwendet） |
| | | |
| ほかの | | andere/-r/-s |
| はっきり | | deutlich, klar |

〈会話〉
家具 (かぐ) — Möbel
本棚 (ほんだな) — Bücherregal
いつか — irgendwann
建てます II (たてます) — bauen
すばらしい — wunderbar, herrlich, toll

〈読み物〉
子どもたち (こどもたち) — Kinder
大好き[な] (だいすき) — sehr gerne/lieb haben, sehr mögen, Lieblings～
主人公 (しゅじんこう) — Held/-in, Hauptfigur, Protagonist/-in
形 (かたち) — Form
不思議[な] (ふしぎ) — wundersam, seltsam, merkwürdig
ポケット — Tasche
例えば (たとえば) — zum Beispiel
付けます II (つけます) — befestigen, anbringen
自由に (じゆうに) — frei
空 (そら) — Himmel
飛びます I (とびます) — fliegen
昔 (むかし) — frühere Zeit, alte Zeiten
自分 (じぶん) — Selbst
将来 (しょうらい) — Zukunft

※ドラえもん — Name einer Comic-Figur

## II. Übersetzungen

### Satzmuster
1. Ich kann ein bisschen Japanisch sprechen.
2. Man kann den Berg deutlich sehen.
3. Vor dem Bahnhof wurde ein großer Supermarkt (fertig) gebaut.

### Beispielsätze
1. Können Sie japanische Zeitungen lesen?
   ……Nein(, ich kann sie nicht lesen).
2. Man kann Vögel zwitschern (wörtl. Vogelstimmen) hören, oder?
   ……Ja. Es ist schon Frühling, nicht wahr?
3. Wann wurde der Hōryū-Tempel (fertig) gebaut?
   ……Im Jahr 607 wurde er gebaut.
4. Wie viele Tage hat man bei Power Electric im Sommer Urlaub?
   ……Hm, ungefähr drei Wochen.
   Wie schön! In unserer Firma kann man sich nur eine Woche frei nehmen.
5. Kann man in dieser Wohnung ein Haustier halten?
   ……Einen kleinen Vogel oder Fisch kann man halten, aber keine Hunde oder Katzen.

### Dialog
#### Sie können ja alles bauen!

Miller: Das ist aber ein helles und schönes Zimmer!
Suzuki: Ja. An schönen Tagen kann man das Meer sehen.
Miller: Der Tisch hier hat aber ein interessantes Design.
　　　　Wo haben Sie ihn gekauft?
Suzuki: Den habe ich gebaut.
Miller: Was, wirklich?
Suzuki: Ja. Mein Hobby ist, selbst Möbel zu bauen.
Miller: Oh! Dann haben Sie also auch das Bücherregal da drüben gebaut?
Suzuki: Ja.
Miller: Das ist ja toll! Herr Suzuki, Sie können ja alles bauen!
Suzuki: Mein Traum ist es, irgendwann selbst ein Haus zu bauen.
Miller: Das ist ein wunderbarer Traum!

# III. Zusatzvokabular & -informationen

## 近くの店　Geschäfte in der Nachbarschaft

### 靴・かばん修理、合いかぎ
### Schuh- & Taschenreparatur, Schlüsseldienst

| | |
|---|---|
| ヒール・かかと修理 | Austausch des Absatzes |
| つま先修理 | Neuaufbau der Spitze |
| 中敷き交換 | Austausch der Einlegesohle |
| クリーニング | Reinigung |
| ファスナー交換 | Austausch des Reißverschlusses |
| ハンドル・持ち手交換 | Erneuerung des Bügels & der Henkel, Griffernerung |
| ほつれ・縫い目の修理 | Ausbesserung von losen Fäden und aufgeplatzen Nähten |
| 合いかぎ | Zweitschlüssel |

### クリーニング屋　Reinigung

| | |
|---|---|
| ドライクリーニング | chemische Reinigung |
| 水洗い | Waschen mit kaltem Wasser |
| 染み抜き | Fleckenentfernung |
| はっ水加工 | Imprägnierung |
| サイズ直し | Änderung |
| 縮む | einlaufen |
| 伸びる | ausleiern |

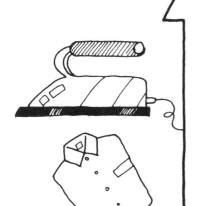

### コンビニ　convenience store

| | |
|---|---|
| 宅配便の受け付け | Annahme von Paketen |
| ATM | ATM (Automatic Teller Machine, Geldautomat) |
| 公共料金等の支払い | Zahlung der Gebühren für Strom, Gas, Wasser etc. |
| コピー、ファクス | Kopieren & Faxen |
| はがき・切手の販売 | Verkauf von Postkarten & Briefmarken |
| コンサートチケットの販売 | Verkauf von Konzertkarten |

## IV. Grammatik

### 1. Potentialverben

Sie haben in Band I (L. 18) N／V Wörterbuchform＋ことが できます als eine Konstruktion gelernt, die Möglichkeit ausdrückt. Hier lernen wir eine weitere Konstruktion, Potentialverben.

|  |  | Potentialverben | |
|---|---|---|---|
|  |  | höfliche Form | einfache Form |
| I | かきます<br>かいます | かけます<br>かえます | かける<br>かえる |
| II | たべます | たべられます | たべられる |
| III | きます<br>します | こられます<br>できます | こられる<br>できる |

(s. Lehrbuch, L. 27, Übung A1)

Die Potentialverben flektieren wie Verben der Gruppe II.
Bsp. かえます　　かえる　　かえ（ない）　　かえて
わかります hat an sich eine potentielle Bedeutung, daher gibt es nicht die Form わかれます.

### 2. Sätze, in denen Potentialverben benutzt werden

1) Potentialverben drücken keine Handlungen, sondern Zustände aus. Die Objekte der transitiven Verben werden mit der Partikel を gekennzeichnet, aber die Objekte der Potentialverben werden in der Regel mit der Partikel が markiert.

① わたしは 日本語を 話します。　　Ich spreche Japanisch.
② わたしは 日本語が 話せます。　　Ich kann Japanisch sprechen.

Die anderen Partikeln außer を bleiben unverändert.

③ 一人で 病院へ 行けますか。　　Können Sie alleine ins Krankenhaus gehen?
④ 田中さんに 会えませんでした。
　　Ich konnte Herrn/Frau Tanaka nicht sehen (wörtl. treffen).

2) Potentialverben haben zwei Bedeutungen: Sie drücken die Fähigkeit des Agens zu einer Handlung (⑤) oder die Möglichkeit einer Handlung unter einem bestimmten Umstand (⑥) aus.

⑤ ミラーさんは 漢字が 読めます。　　Herr Miller kann *Kanji* lesen.
⑥ この 銀行で ドルが 換えられます。　Man kann in dieser Bank Dollar wechseln.

### 3. 見えます und 聞こえます

みえます und きこえます drücken aus, dass ein Gegenstand unabhängig von einer Absicht zufällig ins Blickfeld kommt, oder dass ein Ton zufällig gehört wird. In Sätzen mit みえます und きこえます wird der Gegenstand zum Subjekt und mit der Partikel が markiert. みえます und きこえます können nicht benutzt werden, wenn jemand bewusst seine Aufmerksamkeit auf etwas lenkt. In diesem Fall werden Potentialverben verwendet.

⑦ 新幹線から 富士山が 見えます。
　　Vom *Shinkansen* aus kann man den Fuji sehen (wörtl. Vom *Shinkansen* aus ist der Fuji sichtbar).

⑧ ラジオの音が聞こえます。
   Man hört das Radio (wörtl. Der Ton des Radios ist hörbar).
⑨ 新宿で今黒沢の映画が見られます。
   In Shinjuku kann man jetzt einen Film von Kurosawa sehen.
⑩ 電話で天気予報が聞けます。
   Man kann telefonisch den Wetterbericht hören.

## 4. できます

Das Verb できます, das Sie hier lernen, hat Bedeutungen wie „entstehen", „vollendet werden", „fertig werden", „gemacht/hergestellt werden" etc.

⑪ 駅の前に大きいスーパーができました。
   Vor dem Bahnhof wurde ein großer Supermarkt (fertig) gebaut.
⑫ 時計の修理はいつできますか。   Wann ist die Reparatur der Uhr fertig?

## 5. しか

しか wird mit einem Nomen oder Zahlwort und immer zusammen mit der Verneinung verwendet. しか greift etwas auf und verneint alles außer jenem, was vor しか steht. しか ersetzt が und を, anderen Partikeln wird es nachgestellt. しか hat die Nuance, dass etwas ungenügend ist.

⑬ ローマ字しか書けません。   Ich kann nichts außer *Rōmaji* schreiben.
⑭ ローマ字だけ書けます。   Ich kann nur *Rōmaji* schreiben.

## 6. N は (Kontrast)

は hat die Funktion, ein Thema zu kennzeichnen. Darüber hinaus bildet は einen Kontrast.

⑮ ワインは飲みますが、ビールは飲みません。
   Wein trinke ich, aber Bier (trinke ich) nicht.
⑯ きのうは山が見えましたが、きょうは見えません。
   Gestern konnte man den Berg sehen, aber heute nicht (wörtl. Gestern war der Berg sichtbar, aber heute ist er nicht sichtbar).

## 7. は zum Aufgreifen von Nomina mit Partikeln

Wie in den Anmerkungen zur Grammatik 1 in Band I (S. 160) erklärt wurde, ersetzt は が und を, aber wird anderen Partikeln nachgestellt.

⑰ 日本では馬を見ることができません。
   In Japan kann man keine Pferde sehen. (L. 18)
⑱ 天気のいい日には海が見えるんです。
   An schönen Tagen kann man das Meer sehen.
⑲ ここからは東京スカイツリーが見えません。
   Von hier aus kann man den Tokyo Skytree nicht sehen (wörtl. Von hier aus ist der Tokyo Skytree nicht sichtbar).

# Lektion 28

## I. Vokabular

| | | |
|---|---|---|
| うれますⅡ<br>［パンが～］ | 売れます | sich verkaufen, [Brot] verkauft sich |
| おどりますⅠ | 踊ります | tanzen |
| かみますⅠ | | kauen, beißen |
| えらびますⅠ | 選びます | wählen, auswählen |
| かよいますⅠ<br>［だいがくに～］ | 通います<br>［大学に～］ | [zur Universität] pendeln, [die Universität] besuchen |
| メモしますⅢ | | sich Notizen machen |
| | | |
| まじめ［な］ | | ernst und fleißig, seriös, ernsthaft |
| ねっしん［な］ | 熱心［な］ | eifrig |
| | | |
| えらい | 偉い | bewundernswert |
| ちょうど いい | | passen, gerade richtig |
| | | |
| けしき | 景色 | Landschaft |
| びよういん | 美容院 | Friseursalon |
| だいどころ | 台所 | Küche |
| | | |
| けいけん | 経験 | Erfahrung, Erlebnis（～が あります：Erfahrung haben、～を します：erfahren/erleben） |
| | | |
| ちから | 力 | Kraft |
| にんき | 人気 | Popularität, Beliebtheit（［がくせいに］～が あります：[bei Studierenden] beliebt sein） |
| | | |
| かたち | 形 | Form |
| いろ | 色 | Farbe |
| あじ | 味 | Geschmack |
| ガム | | Kaugummi |
| | | |
| しなもの | 品物 | Artikel, Ware |
| ねだん | 値段 | Preis |
| きゅうりょう | 給料 | Gehalt |
| ボーナス | | Bonus, Zuwendung |
| | | |
| ゲーム | | Spiel |
| ばんぐみ | 番組 | (Fernseh-/Radio-) Sendung |
| ドラマ | | Drama, Serie |
| かしゅ | 歌手 | Sänger/-in |
| しょうせつ | 小説 | Roman |
| しょうせつか | 小説家 | Romanschriftsteller/-in |

| ～か | ～家 | ～er/-in (Suffix für eine Person, die eine bestimmte Wissenschaft od. einen künstlerischen Beruf ausübt) |
| ～き | ～機 | ～maschine (Suffix für Maschinen) |

| むすこ | 息子 | (mein) Sohn |
| むすこさん* | 息子さん | Sohn (einer anderen Person) |
| むすめ | 娘 | (meine) Tochter |
| むすめさん* | 娘さん | Tochter (einer anderen Person) |
| じぶん | 自分 | Selbst |

| しょうらい | 将来 | Zukunft |
| しばらく | | eine Weile |
| たいてい | | meistens, gewöhnlich, normalerweise |

| それに | | dazu noch, außerdem |
| それで | | deswegen, daher |

〈会話〉

| [ちょっと] お願いが あるんですが。 | Ich hätte eine [kleine] Bitte an Sie. |
| 実は | Wissen Sie, Und zwar, Um ehrlich zu sein |
| 会話 | Konversation, Dialog |
| うーん | Hmmm |

〈読み物〉

| お知らせ | Ankündigung, Information |
| 参加しますⅢ | teilnehmen |
| 日にち | Datum, Termin |
| 土 | Samstag |
| 体育館 | Sporthalle, Turnhalle |
| 無料 | kostenlos |
| 誘いますⅠ | einladen, auffordern |
| イベント | Veranstaltung, Event |

## II. Übersetzungen

**Satzmuster**
1. Ich höre Musik, während ich esse.
2. Ich jogge jeden Morgen.
3. Die U-Bahn ist schnell und billig, also lassen Sie uns mit der U-Bahn fahren.

**Beispielsätze**
1. Wenn ich müde bin, kaue ich beim Autofahren Kaugummi.
   ……Ach ja? Ich halte (das Auto) an und schlafe eine Weile.
2. Hören Sie beim Lernen Musik?
   ……Nein. Ich höre keine Musik, wenn ich lerne.
3. Neben dem Studium an der Universität arbeitet er.
   ……Ach so. Das ist sehr bewundernswert!
4. Was machen Sie immer an Ihren freien Tagen?
   ……Hm. Meistens male ich.
5. Herr Watt ist eifrig, lustig und hat außerdem auch Erfahrung.
   ……Er ist ein guter Lehrer, oder?
6. Kommen Sie oft in dieses Sushi-Restaurant?
   ……Ja, hier sind die Preise günstig, der Fisch ist auch frisch, also komme ich oft hierher essen.
7. Warum haben Sie die Fuji-Universität ausgewählt?
   ……Weil sie berühmt ist, es gibt auch viele gute Dozenten, und außerdem gibt es Studentenwohnheime.

**Dialog**

### Ich habe viele Geschäftsreisen, und auch eine Prüfung…

Ogawa, Sachiko: Herr Miller, ich hätte eine kleine Bitte an Sie.
Miller: Worum geht es?
Ogawa, Sachiko: Und zwar fliege ich im August nach Australien, um einen Homestay zu machen.
Miller: Einen Homestay? Das ist aber schön.
Ogawa, Sachiko: Ja. Deswegen lerne ich jetzt mit meiner Freundin Englisch, aber…
Miller: Ja?
Ogawa, Sachiko: Ich werde kaum besser. Ich habe keinen Lehrer und keine Gelegenheit, mich auf Englisch zu unterhalten… Herr Miller, könnten Sie nicht mein Lehrer für Konversation werden?
Miller: Wie bitte? Ich, als Lehrer? Hm, meine Arbeit…
Ogawa, Sachiko: Wenn Sie Zeit haben, vielleicht bei einer Tasse Tee oder so?
Miller: Hmm, ich habe viele Geschäftsreisen, und bald auch eine Japanischprüfung…
Ogawa, Sachiko: Ach so.
Miller: Es tut mir Leid.

# III. Zusatzvokabular & -informationen

## うちを借りる　　Zimmer-, Wohnungs- und Hausmiete

Wie man eine Wohnungsanzeige liest

① Name der Bahnlinie
② Name des nächsten Bahnhofs
③ 5 Minuten zu Fuß vom Bahnhof
④ Apartment, Etagenhauswohnung
　　※アパート　　　　Wohnung in einem ein- oder zweistöckigen Gebäude
　　一戸建て　　　　Einfamilienhaus
⑤ drei Jahre alt (seit der Fertigstellung)
⑥ Miete
⑦ Kaution
　　※ Das Geld, das dem/r Vermieter/-in in Form einer Kaution gegeben wird. Wenn man auszieht, bekommt man einen Teil davon zurück.
⑧ Geld als Schenkung
　　※ Das Geld, das bei der Vermietung dem/r Vermieter/-in als Gegenwert für die Nutzung der Wohnung gegeben wird
⑨ Verwaltungskosten
⑩ Südlage, die Wohnung liegt nach Süden
⑪ siebte Etage in einem neunstöckigen Gebäude
⑫ 2 Zimmer und Wohnküche
⑬ 6 Tatamimatten (＝6 畳)
　　※ „畳" ist eine Maßeinheit für die Fläche eines Zimmers. 1 畳 entspricht einer Tatamimatte (ca. 180×90 cm).
⑭ Name des Immobilienmaklers

## IV. Grammatik

**1.** $V_1$ ます -Form ながら $V_2$

Dieses Satzmuster drückt aus, dass derselbe Handelnde, wenn er die Handlung $V_2$ durchführt, gleichzeitig eine andere Handlung $V_1$ durchführt. $V_2$ ist die Haupthandlung.

① 音楽を 聞きながら 食事します。
   Ich höre Musik, während ich esse./Ich höre Musik beim Essen.

Wie bei ② wird dieses Satzmuster auch benutzt, wenn man in einer bestimmten Zeitspanne ununterbrochen zwei Handlungen durchführt.

② 働きながら 日本語を 勉強して います。
   Ich arbeite, während ich Japanisch studiere./Ich arbeite neben dem Japanischstudium.

**2.** V て -Form います

Mit diesem Satzmuster wird auch ausgedrückt, dass eine Handlung gewohnheitsmäßig wiederholt durchgeführt wird. Wenn diese Handlung vor dem Zeitpunkt der Äußerung durchgeführt wurde, wird es V て -Form いました.

③ 毎朝 ジョギングを して います。   Ich jogge jeden Morgen.
④ 子どもの とき、毎晩 8時に 寝て いました。
   Als Kind bin ich jeden Abend um 8 Uhr ins Bett gegangen.

**3.** einfache Form し、einfache Form し、～

1) Dieses Satzmuster wird verwendet, wenn zwei oder mehr ähnliche Sachverhalte zum Thema aufgezählt werden. „Ähnlich" heißt hier, dass z.B. wie bei ⑤ alle geäußerten Sachverhalte Vorteile sind.

⑤ 鈴木さんは ピアノも 弾けるし、歌も 歌えるし、ダンスも できます。
   Herr Suzuki kann Klavier spielen, singen und auch tanzen.

Bei diesem Satzmuster wird die Absicht des Sprechers betont, dass er nicht nur einen Sachverhalt nennen, sondern auch noch weitere hinzufügen möchte. Deshalb wird öfters die Partikel も benutzt. Um diese Andeutung klar zu machen, wird auch それに benutzt, wie bei ⑥.

⑥ 田中さんは まじめだし、中国語も 上手だし、それに 経験も あります。
   Herr/Frau Tanaka ist ernst und fleißig, kann gut Chinesisch, und außerdem hat er/sie Erfahrung.

2) Bei diesem Satzmuster drückt der Teil mit ～し、～し manchmal die Gründe für den darauf folgenden Teil aus.

⑦ ここは 値段も 安いし、魚も 新しいし、よく 食べに 来ます。
   Hier sind die Preise günstig, der Fisch ist auch frisch, also komme ich oft hierher essen.

In diesem Fall werden manchmal nur die Gründe genannt, und die Schlussfolgerung wird gar nicht geäußert, vorausgesetzt, dass diese aus dem Kontext klar ist.

⑧ どうして この 店へ 来るんですか。
   ……ここは 値段も 安いし、魚も 新しいし……。
   Warum kommen Sie in diesen Laden?
   …… Hier sind die Preise günstig, der Fisch ist auch frisch...

Das letzte し kann durch から ersetzt werden.

⑨ どうして 日本の アニメが 好きなんですか。
…… 話も おもしろいし、音楽も すてきですから。

Warum mögen Sie japanische Animes?
…… Weil die Geschichten interessant sind und auch die Musik schön ist.

## 4. それで

それで wird benutzt, wenn man eine Schlussfolgerung äußert, die aus dem davor erwähnten Sachverhalt erlangt wird.

⑩ 将来 小説家に なりたいです。それで 今は アルバイトを しながら 小説を 書いて います。

Ich möchte in Zukunft Schriftsteller werden. Von daher jobbe ich jetzt, während ich Romane schreibe.

⑪ ここは コーヒーも おいしいし、食事も できるし……。
……それで 人気が あるんですね。

Hier schmeckt der Kaffee gut, und man kann auch essen...
…… Deswegen ist der Laden also beliebt.

## 5. 〜 とき + Partikel

とき, das Sie in Lektion 23 gelernt haben, ist ein Nomen, deswegen kann danach eine Partikel verwendet werden.

⑫ 勉強する ときは、音楽を 聞きません。

Wenn ich lerne, höre ich keine Musik.

⑬ 疲れた ときや 寂しい とき、よく 田舎の 青い 空を 思い出す。

Wenn ich müde (wörtl. erschöpft) oder einsam bin, erinnere ich mich oft an den blauen Himmel in meiner Heimat. (L. 31)

# Lektion 29

## I. Vokabular

| | | |
|---|---|---|
| あきますⅠ<br>［ドアが～］ | 開きます | [die Tür] geht auf |
| しまりますⅠ<br>［ドアが～］ | 閉まります | [die Tür] geht zu |
| つきますⅠ<br>［でんきが～］ | ［電気が～］ | [das Licht] geht an |
| きえますⅡ*<br>［でんきが～］ | 消えます<br>［電気が～］ | [das Licht] geht aus |
| こわれますⅡ<br>［いすが～］ | 壊れます | [der Stuhl] geht kaputt |
| われますⅡ<br>［コップが～］ | 割れます | [das Glas] zerbricht |
| おれますⅡ<br>［きが～］ | 折れます<br>［木が～］ | abbrechen, [der Baum] bricht um |
| やぶれますⅡ<br>［かみが～］ | 破れます<br>［紙が～］ | [das Papier] reißt |
| よごれますⅡ<br>［ふくが～］ | 汚れます<br>［服が～］ | [die Kleidung] wird schmutzig |
| つきますⅠ<br>［ポケットが～］ | 付きます | [die Tasche] wird aufgenäht/befestigt |
| はずれますⅡ<br>［ボタンが～］ | 外れます | [der Knopf] geht auf |
| とまりますⅠ<br>［くるまが～］ | 止まります<br>［車が～］ | [das Auto] hält an, [das Auto] parkt |
| まちがえますⅡ | | verwechseln, sich irren |
| おとしますⅠ | 落とします | fallen lassen, verlieren |
| かかりますⅠ<br>［かぎが～］ | 掛かります | [das Schloss] schließt, wird abgeschlossen |
| ふきますⅠ | | wischen |
| とりかえますⅡ | 取り替えます | wechseln, austauschen |
| かたづけますⅡ | 片づけます | aufräumen |
| | | |
| ［お］さら | ［お］皿 | Teller |
| ［お］ちゃわん* | | Reisschale, Teeschale (für die Teezeremonie) |
| コップ | | Glas (zum Trinken), Becher |
| ガラス | | Glas (als Material) |
| ふくろ | 袋 | Beutel, Tüte, Sack, Tasche |
| しょるい | 書類 | Papiere, Akte, Dokument |
| えだ | 枝 | Ast |
| | | |
| えきいん | 駅員 | Bahnhofsangestellte/-r |
| こうばん | 交番 | kleine Polizeiwache |
| | | |
| スピーチ | | Rede (～を します：eine Rede halten) |

| | | |
|---|---|---|
| へんじ | 返事 | Antwort (～を します：antworten) |
| おさきに どうぞ。 | お先に どうぞ。 | Bitte, gehen Sie vor!/Bitte, nach Ihnen! |
| ※源氏物語(げんじものがたり) | | Die Geschichte vom Prinzen Genji (ein Roman, der in der Heian-Zeit von Shikibu Murasaki geschrieben wurde) |

## 〈会話(かいわ)〉

| | |
|---|---|
| 今(いま)の 電車(でんしゃ) | der Zug, der eben abgefahren ist |
| 忘(わす)れ物(もの) | etw., das man liegen gelassen hat, Fundsache |
| このくらい | ungefähr so groß |
| ～側(がわ) | ～seite |
| ポケット | Tasche |
| ～辺(へん) | die Nähe von ～, die Gegend um ～ |
| 覚(おぼ)えて いません。 | Ich erinnere mich nicht daran. |
| 網棚(あみだな) | Gepäckablage, Gepäcknetz |
| 確(たし)か | Wenn ich mich richtig erinnere, Wenn ich mich nicht irre |
| [ああ、] よかった。 | [Ach,] zum Glück! (wird benutzt, wenn man erleichtert od. beruhigt ist) |
| ※新宿(しんじゅく) | Bahnhof/Stadtbezirk in Tōkyō |

## 〈読(よ)み物(もの)〉

| | |
|---|---|
| 地震(じしん) | Erdbeben |
| 壁(かべ) | Wand |
| 針(はり) | Zeiger (von Uhren) |
| 指(さ)しますⅠ | zeigen |
| 駅前(えきまえ) | (das Gebiet) vor dem Bahnhof |
| 倒(たお)れますⅡ | einstürzen, umfallen |
| 西(にし) | Westen |
| ～の 方(ほう) | Richtung ～ |
| 燃(も)えますⅡ | brennen |
| レポーター | Reporter/-in |

## II. Übersetzungen

### Satzmuster
1. Das Fenster ist zu.
2. Ich habe leider im Zug meinen Regenschirm vergessen/liegen lassen.

### Beispielsätze
1. Der Konferenzraum ist abgeschlossen, nicht wahr?
   ……Dann sagen wir Frau Watanabe Bescheid und lassen uns die Tür aufschließen.
2. Darf ich diesen Computer benutzen?
   ……Dieser ist kaputt, benutzen Sie deshalb bitte den dort drüben.
3. Wo ist der Wein, den Herr Schmidt mitgebracht hat?
   ……Wir haben ihn alle zusammen ausgetrunken.
4. Wollen wir nicht zusammen nach Hause gehen?
   ……Es tut mir Leid. Ich werde diese E-Mail fertig schreiben, gehen Sie also bitte ruhig schon vor!
5. Sind Sie rechtzeitig zu der verabredeten Zeit da gewesen?
   ……Nein, ich war leider zu spät. Ich habe mich verlaufen.
6. Was ist denn los?
   ……Ich habe im Taxi meine Sachen vergessen/liegen lassen.

### Dialog

**Ich habe leider etwas liegen lassen**

| | |
|---|---|
| Lee: | Entschuldigung. Ich habe leider im Zug, der gerade abgefahren ist, etwas liegen lassen. |
| Bahnangestellter: | Was haben Sie vergessen? |
| Lee: | Eine blaue Tasche. Ungefähr so groß… Auf der Außenseite ist eine große Tasche (angebracht). |
| Bahnangestellter: | Wo ungefähr haben Sie sie hingestellt? |
| Lee: | Ich erinnere mich nicht gut. Aber ich habe sie auf die Gepäckablage gestellt. |
| Bahnangestellter: | Was ist in der Tasche drin? |
| Lee: | Hm, wenn ich mich richtig erinnere, ein Buch und ein Regenschirm. |
| Bahnangestellter: | Dann werde ich nachsehen, warten Sie also einen kleinen Moment bitte. |
| | ………………………………………………………… |
| Bahnangestellter: | Sie ist da! |
| Lee: | Ach, zum Glück! |
| Bahnangestellter: | Sie ist jetzt am Shinjuku-Bahnhof. Was wollen Sie machen? |
| Lee: | Ich fahre sie sofort abholen. |
| Bahnangestellter: | Dann gehen Sie bitte ins Büro vom Shinjuku-Bahnhof. |
| Lee: | Ja. Herzlichen Dank! |

# III. Zusatzvokabular & -informationen

## 状態・様子 (じょうたい・ようす) Zustand & Aussehen

| 太(ふと)っている dick | やせている dünn, schlank | 膨(ふく)らんでいる ausgebeult | 穴(あな)が開(あ)いている ein Loch haben |
|---|---|---|---|
| 曲(ま)がっている gebogen, krumm | ゆがんでいる verzogen | へこんでいる verbeult, Beule(n) haben | ねじれている verdreht |
| 欠(か)けている angeschlagen, zersprungen | ひびが入(はい)っている gesprungen, Riss(e) haben | 腐(くさ)っている verdorben | |
| 乾(かわ)いている trocken | ぬれている nass | 凍(こお)っている gefroren | |

# IV. Grammatik

1. V て -Form います

   Durch V て -Form います kann ausgedrückt werden, dass ein Zustand, der aus einer Handlung resultiert, andauert.

   ① 窓が 割れて います。　　　　　Das Fenster ist kaputt.
   ② 電気が ついて います。　　　　Das Licht ist an.

   Zum Beispiel drückt ① aus, dass das Fenster zu einem bestimmten Zeitpunkt in der Vergangenheit kaputtgegangen ist und das daraus resultierende Ergebnis im Moment andauert (＝Das Fenster ist kaputt).

   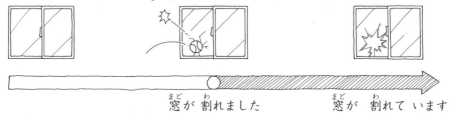

   　　　　　　　　　窓が 割れました　　　　窓が 割れて います

   Verben, die in dieser Konstruktion verwendet werden, sind Verben, bei denen eine Änderung vor und nach der Durchführung der Handlung passiert, wie z.B. あきます, しまります, つきます, きえます, こわれます und われます.
   Wenn man den Zustand, den man vor Augen hat, so beschreibt, wie er ist, wird das Subjekt wie bei ① und ② mit der Partikel が markiert. Wenn man das Subjekt als Thema aufgreift, wird wie bei ③ die Partikel は benutzt.

   ③　この いすは 壊れて います。　　　Der Stuhl hier ist kaputt.

2. V て -Form しまいました／しまいます

   ～て しまいました drückt aus, dass eine Handlung beendet ist. ～て しまいます drückt aus, dass eine Handlung zu einem bestimmten Zeitpunkt in der Zukunft beendet wird.

   ④　シュミットさんが 持って 来た ワインは みんなで 飲んで しまいました。
   　　Den Wein, den Herr Schmidt mitgebracht hat, haben wir alle zusammen ausgetrunken.
   ⑤　漢字の 宿題は もう やって しまいました。
   　　Die *Kanji*-Hausaufgaben habe ich schon erledigt (wörtl. fertig gemacht).
   ⑥　昼ごはんまでに レポートを 書いて しまいます。
   　　Bis zum Mittagessen werde ich den Bericht fertig schreiben.

   ～て しまいました kann wie bei ⑦ und ⑧ auch Reue oder Bedauern des Sprechers ausdrücken.

   ⑦　パスポートを なくして しまいました。　Ich habe leider meinen Reisepass verloren.
   ⑧　パソコンが 故障して しまいました。　Der PC ist leider kaputtgegangen.

3. N(Ort)に 行きます／来ます／帰ります

   Bei ⑨ (s. Übung C3) wird die Partikel に, die den Ankunftsort kennzeichnet, anstatt der Partikel へ, die die Richtung ausdrückt, benutzt. Wie Sie hier sehen, können sowohl „Ort へ" als auch „Ort に" zusammen mit Verben wie z.B. いきます, きます, かえります etc. benutzt werden.

⑨ どこかで 財布を 落として しまったんです。
　　……それは 大変ですね。すぐ 交番に 行かないと。
　　Ich habe leider irgendwo mein Portemonnaie verloren.
　　…… Das ist aber schlimm. Sie müssen sofort zur Polizeiwache.

**4.** それ／その／そう

In Lektion 2 haben Sie gelernt, wie sich die Demonstrativa auf Gegenstände beziehen, die vor Ort sind. In dieser Lektion werden それ, その und そう vorgestellt, die sich auf etwas beziehen, das in der Erzählung des Gesprächspartners oder im Text vorkommt.

1) Im Dialog

それ von ⑩ und ⑪, その von ⑫ und そう von ⑬ beziehen sich auf den Inhalt, den der Gesprächspartner zuletzt erwähnt hat.

⑩ どこかで 財布を 落として しまったんです。
　　……それは 大変ですね。すぐ 交番に 行かないと。
　　Ich habe irgendwo mein Portemonnaie verloren.
　　…… Das ist aber schlimm. Sie müssen sofort zur Polizeiwache.

⑪ 来月から 大阪の 本社に 転勤なんです。
　　Ich werde ab nächsten Monat in die Zentrale in Ōsaka versetzt.
　　……それは おめでとう ございます。　…… Herzlichen Glückwunsch (dazu)! (L. 31)

⑫ あのう、途中で やめたい 場合は？ Ähm, falls man mittendrin aufhören möchte?
　　……その 場合は、近くの 係員に 名前を 言って、帰って ください。
　　…… In dem Fall gehen Sie bitte erst nach Hause zurück, nachdem Sie einem Zuständigen in Ihrer Nähe Ihren Namen und Ihre Adresse mitgeteilt haben. (L. 45)

⑬ うちへ 帰って、休んだ ほうが いいですよ。
　　……ええ、そう します。
　　Sie sollten besser nach Hause gehen und sich ausruhen.
　　…… Ja, das werde ich machen (wörtl. so werde ich es machen). (L. 32)

2) Im Text

その von ⑭ bezieht sich auf den Inhalt, der im vorherigen Satz vorgekommen ist.

⑭ 一人で コンサートや 展覧会に 出かけると、いいでしょう。その とき 会った 人が 将来の 恋人に なるかも しれません。
　　Es ist gut, wenn Sie alleine zu einem Konzert oder zu einer Ausstellung gehen. Die Person, der Sie da begegnen, könnte Ihr/-e zukünftige/-r Freund/-in sein. (L. 32)

**5.** ありました

⑮ [かばんが] ありましたよ。　　Ich habe [die Tasche] gefunden!/Die Tasche ist da!
ありました zeigt hier, dass der Sprecher die Tasche gefunden hat, und impliziert nicht, dass die Tasche vorher da war.

**6.** どこかで／どこかに

Die Partikeln へ und を nach どこか und なにか können weggelassen werden, aber die Partikeln で und に nicht.

⑯ どこかで 財布を なくして しまいました。
　　Ich habe leider irgendwo mein Portemonnaie verloren.

⑰ どこかに 電話が ありますか。　　Gibt es irgendwo ein Telefon?

# Lektion 30

## I. Vokabular

| | | |
|---|---|---|
| はりますⅠ | | (auf-) kleben, ankleben |
| かけますⅡ | 掛けます | (auf-) hängen |
| かざりますⅠ | 飾ります | aufstellen (als Dekoration), schmücken |
| ならべますⅡ | 並べます | nebeneinander stellen/legen, in eine Reihe stellen/legen |
| うえますⅡ | 植えます | pflanzen |
| もどしますⅠ | 戻します | zurücklegen, zurückstellen |
| まとめますⅡ | | zusammenstellen, zusammenfassen |
| しまいますⅠ | | einräumen, wegräumen |
| きめますⅡ | 決めます | sich entscheiden, festlegen |
| よしゅうしますⅢ | 予習します | vorbereiten (z.B. den Stoff für die Stunde an der Schule, Uni etc.) |
| ふくしゅうしますⅢ | 復習します | (Gelerntes) wiederholen |
| そのままに しますⅢ | | (etw.) so lassen, wie es ist |
| じゅぎょう | 授業 | Unterricht, Stunde |
| こうぎ | 講義 | Vorlesung |
| ミーティング | | Meeting, Sitzung |
| よてい | 予定 | Plan, Programm |
| おしらせ | お知らせ | Ankündigung, Information |
| ガイドブック | | Reiseführer |
| カレンダー | | Kalender |
| ポスター | | Poster |
| よていひょう | 予定表 | Programm, Zeitplan |
| ごみばこ | ごみ箱 | Mülleimer, Mülltonne |
| にんぎょう | 人形 | Puppe |
| かびん | 花瓶 | Blumenvase |
| かがみ | 鏡 | Spiegel |
| ひきだし | 引き出し | Schublade |
| げんかん | 玄関 | Eingang, Haustür, Vorraum |
| ろうか | 廊下 | Flur, Korridor, Gang |
| かべ | 壁 | Wand |
| いけ | 池 | Teich |
| もとの ところ | 元の 所 | ursprünglicher Ort |
| まわり | 周り | Umgebung, um 〜 herum |
| まんなか* | 真ん中 | Mitte |
| すみ | 隅 | Ecke |
| まだ | | noch |

〈会話〉
| | |
|---|---|
| リュック | Rucksack |
| 非常袋 | Notfallbeutel |
| 非常時 | Notlage |
| 生活しますⅢ | leben |
| 懐中電灯 | Taschenlampe |
| 〜とか、〜とか | 〜, 〜 etc. |

〈読み物〉
| | |
|---|---|
| 丸い | rund |
| ある〜 | ein (gewisser/s), eine (gewisse) 〜 |
| 夢を見ますⅡ | träumen |
| うれしい | sich freuen, glücklich |
| 嫌[な] | scheußlich, nicht wollen, nicht mögen |
| すると | (und) dann, und da |
| 目が覚めますⅡ | aufwachen |

## II. Übersetzungen

### Satzmuster
1. An der Polizeiwache ist ein Stadtplan angeklebt.
2. Vor der Reise recherchiere ich schon mal Verschiedenes im Internet.

### Beispielsätze
1. Die neue Toilette im Bahnhof ist interessant, nicht wahr?
   ……Ach ja? Wirklich?
   An den Wänden sind Blumen und Tiere (wörtl. die Bilder von Blumen und Tieren) aufgemalt.
2. Wo ist der Tesafilm?
   ……Er ist in der Schublade dort drüben eingeräumt.
3. Für die Geschäftsreise nächsten Monat, soll ich da das Hotel schon mal buchen?
   ……Ja, bitte.
4. Legen Sie bitte die Schere an ihren Platz (wörtl. zum ursprünglichen Ort) zurück, wenn Sie sie benutzt haben.
   ……Ja, in Ordnung (wörtl. ich habe verstanden)!
5. Darf ich die Materialien aufräumen?
   ……Nein, lassen Sie sie bitte so (liegen), wie sie sind, da ich sie (gerade) noch benutze.

### Dialog
**Ich muss einen Notfallbeutel vorbereiten**

Miller: Guten Tag.
Suzuki: Willkommen. Kommen Sie bitte herein.
Miller: Da ist ein großer Rucksack hingestellt (worden).
Gehen Sie in die Berge?
Suzuki: Nein. Das ist ein Notfallbeutel.
Miller: Ein Notfallbeutel? Was ist das?
Suzuki: Das ist ein Beutel, in den man vorsorglich die Sachen packt, die man in Notfällen braucht. Es sind Sachen drin (hineingelegt worden), mit denen man ungefähr drei Tage leben kann, auch wenn Strom oder Gas ausfallen.
Miller: Sind es Wasser und Essen und so?
Suzuki: Ja, daneben gibt es auch noch Verschiedenes. Taschenlampe, Radio...
Miller: Ich muss auch einen vorbereiten.
Suzuki: Notfallbeutel werden auch in Supermärkten verkauft.
Miller: Ach so. Dann werde ich schon mal einen kaufen.

# III. Zusatzvokabular & -informationen

## 非常の場合　Im Notfall

〔1〕地震の場合　Im Fall eines Erdbebens
1）備えが大切　Vorbereitung ist wichtig
① 家具が倒れないようにしておく
Möbel vorsorglich befestigen/festmachen, damit sie nicht umfallen.
② 消火器を備える・水を貯えておく
Einen Feuerlöscher vorbereiten. Wasser speichern.
③ 非常袋を用意しておく
Eine Tasche mit den nötigen Sachen für Notfälle vorbereiten.
④ 地域の避難場所を確認しておく
Sich über den Evakuierungsplatz in der Gegend vergewissern.
⑤ 家族、知人、友人と、もしもの場合の連絡先を決めておく
Eine Kontaktadresse für Notfälle mit Ihrer Familie, Ihren Bekannten und Freunden bestimmen.

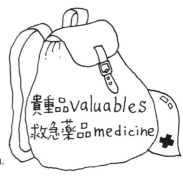

2）万一地震が起きた場合　Falls ein Erdbeben passiert
① 丈夫なテーブルの下にもぐる
Sich unter einen stabilen Tisch legen.
② 落ち着いて火の始末
Ohne in Aufregung zu verfallen, das Feuer löschen.
③ 戸を開けて出口の確保
Die Tür aufmachen und den Ausgang freihalten.
④ 慌てて外に飛び出さない
Nicht überstürzt nach draußen laufen.

3）地震が収まったら　Wenn das Erdbeben vorbei ist
正しい情報を聞く（山崩れ、崖崩れ、津波に注意）
Richtige Informationen hören (auf Bergrutsche, Erdrutsche und Tsunami achten).
4）避難する場合は　Wenn Sie evakuieren
車を使わず、必ず歩いて
Nicht mit dem Auto, sondern unbedingt zu Fuß evakuieren.

〔2〕台風の場合　Im Fall eines Taifuns
① 気象情報を聞く　　　　Wetterbericht hören.
② 家の周りの点検　　　　Die Umgebung des Hauses überprüfen.
③ ラジオの電池の備えを　Batterien für das Radio vorbereiten.
④ 水、緊急食品の準備　　Wasser und Lebensmittel für Notfälle vorbereiten.

## IV. Grammatik

1. V て -Form あります

   V て -Form あります drückt aus, dass ein Zustand, der durch eine absichtliche Handlung von jemandem herbeigeführt wurde, erhalten geblieben ist. Die Verben, die hierbei verwendet werden, sind transitive Verben.

   1) $N_1$ に $N_2$ が V て -Form あります
      
      ① 机の 上に メモが 置いて あります。
      
      Auf dem Tisch liegt ein Notizzettel (wörtl. Auf dem Tisch ist ein Notizzettel hingelegt).
      
      ② カレンダーに 今月の 予定が 書いて あります。
      
      Im Kalender steht der Plan für diesen Monat (wörtl. Im Kalender ist der Plan für diesen Monat aufgeschrieben).

   2) $N_2$ は $N_1$ に V て -Form あります
      
      Die Partikel は wird verwendet, wenn man $N_2$ zum Thema des Satzes macht.
      
      ③ メモは どこですか。
      
      …… [メモは] 机の 上に 置いて あります。
      
      Wo ist der Notizzettel?
      
      …… [Er] liegt auf dem Tisch (wörtl. [Er] ist auf dem Tisch hingelegt).
      
      ④ 今月の 予定は カレンダーに 書いて あります。
      
      Der Plan für diesen Monat steht im Kalender (wörtl. Der Plan für diesen Monat ist im Kalender aufgeschrieben).

   [Anm.] Zum Unterschied zwischen V て -Form います und V て -Form あります:
   
   ⑤ 窓が 閉まって います。　　　　Das Fenster ist zu.
   
   ⑥ 窓が 閉めて あります。　　　　Das Fenster ist geschlossen.
   
   Wenn wie bei ⑤ und ⑥ ein Verbpaar aus einem intransitiven (しまります für V て -Form います) und transitiven Verb (しめます für V て -Form あります) benutzt wird, schildert man bei ⑤ nur den Zustand, dass das Fenster zu ist, wogegen bei ⑥ ausgedrückt wird, dass der Zustand durch eine Handlung einer Person zustande gekommen ist.

2. V て -Form おきます

   Dieses Satzmuster bedeutet:

   1) Man erledigt bis zu einem bestimmten Zeitpunkt eine nötige Handlung.
      
      ⑦ 旅行の まえに、切符を 買って おきます。
      
      Vor der Reise kaufe ich schon mal ein Ticket.
      
      ⑧ 次の 会議までに 何を して おいたら いいですか。
      
      ……この 資料を 読んで おいて ください。
      
      Was soll ich bis zur nächsten Sitzung schon mal machen?
      
      …… Lesen Sie bitte schon mal diese Unterlagen hier.

2) Für die nächste Benutzung erledigt man eine nötige Handlung oder trifft eine vorübergehende Maßnahme.

⑨ はさみを 使ったら、元の 所に 戻して おいて ください。

Legen Sie bitte die Schere an ihren Platz (wörtl. zum ursprünglichen Ort) zurück, wenn Sie sie benutzt haben.

3) Der erreichte Zustand wird so belassen, wie er ist.

⑩ あした 会議が ありますから、いすは この ままに して おいて ください。

Da morgen eine Konferenz ist, lassen Sie bitte die Stühle so (stehen), wie sie sind.

[Anm.] In der gesprochenen Sprache wird ～て おきます oft zu ～ときます．

⑪ そこに 置いといて（置いて おいて）ください。

Legen Sie es bitte schon mal dahin! (L. 38)

## 3. まだ + Bejahung　noch

⑫ まだ 雨が 降って います。　　Es regnet noch.

⑬ 道具を 片づけましょうか。

……まだ 使って いますから、その ままに して おいて ください。

Soll ich das Werkzeug wegräumen?

…… Da ich es (gerade) noch benutze, lassen Sie es bitte so (liegen), wie es ist.

まだ bedeutet hier „nach wie vor" oder „immer noch" und zeigt, dass eine Handlung oder ein Zustand andauert.

## 4. とか

とか wird wie や verwendet, wenn Beispiele genannt werden. とか klingt allerdings im Vergleich zu や umgangssprachlicher und kann auch nach dem letzten Nomen der Aufzählung verwendet werden.

⑭ どんな スポーツを して いますか。

……そうですね。テニスとか 水泳とか……。

Was für Sport machen Sie?

…… Hm. Tennis, Schwimmen...

## 5. Kasuspartikel + も

Wenn も an ein Nomen mit der Partikel が oder を angehängt wird, werden が und を weggelassen. Bei anderen Partikeln (z.B. に, で, から, まで, と) wird も nachgestellt. Die Partikel へ kann bleiben, aber auch weggelassen werden.

⑮ ほかにも いろいろ あります。　　Es gibt auch sonst noch viele verschiedene Dinge.

⑯ どこ[へ]も 行きません。　　Ich gehe nirgendwohin.

# Lektion 31

## I. Vokabular

| | | |
|---|---|---|
| つづけます II | 続けます | fortsetzen, weitermachen |
| みつけます II | 見つけます | finden |
| とります I [やすみを〜] | 取ります [休みを〜] | [Urlaub] nehmen, sich [frei] nehmen |
| うけます II [しけんを〜] | 受けます [試験を〜] | [an einer Prüfung] teilnehmen |
| もうしこみます I | 申し込みます | sich anmelden |
| きゅうけいします III | 休憩します | Pause machen |
| | | |
| れんきゅう | 連休 | aufeinander folgende Feiertage |
| | | |
| さくぶん | 作文 | Aufsatz |
| はっぴょう | 発表 | Referat, Verkündigung, Bekanntmachung (〜します：ein Referat halten, veröffentlichen) |
| | | |
| てんらんかい | 展覧会 | Ausstellung |
| けっこんしき | 結婚式 | Hochzeit (-sfeier) |
| [お]そうしき* | [お]葬式 | Beerdigung, Trauerfeier |
| しき* | 式 | Zeremonie |
| | | |
| ほんしゃ | 本社 | (Firmen-) Zentrale |
| してん | 支店 | Filiale, Zweigstelle |
| きょうかい | 教会 | Kirche |
| だいがくいん | 大学院 | Graduiertenabteilung |
| どうぶつえん | 動物園 | Zoo |
| おんせん | 温泉 | heiße Quelle |
| | | |
| かえり | 帰り | Rückkehr, Rückfahrt |
| | | |
| おこさん | お子さん | Kind (einer anderen Person) |
| | | |
| ーごう | ー号 | Nr. − (Nummer eines Zugs oder Taifuns) |
| | | |
| 〜の ほう | 〜の 方 | Richtung 〜 |
| | | |
| ずっと | | die ganze Zeit, schon immer |
| | | |
| ※バリ | | Bali (eine Insel in Indonesien) |
| ※ピカソ | | Pablo Picasso (spanischer Maler, 1881-1973) |
| ※のぞみ | | Name eines *Shinkansen* (〜42号：Nozomi Nr. 42) |

※新神戸 (しんこうべ)　　　　Name eines Bahnhofs in der Präfektur Hyōgo

**〈会話〉**
残(のこ)りますⅠ　　　　bleiben, übrigbleiben
入学試験(にゅうがくしけん)　　　　Aufnahmeprüfung
月(つき)に　　　　monatlich, pro Monat

**〈読み物〉**
村(むら)　　　　Dorf
卒業(そつぎょう)しますⅢ　　　　(eine Schule/ein Studium) absolvieren
映画館(えいがかん)　　　　Kino
嫌(いや)［な］　　　　scheußlich, nicht wollen, nicht mögen
空(そら)　　　　Himmel
閉(と)じますⅡ　　　　schließen
都会(とかい)　　　　Großstadt
子(こ)どもたち　　　　Kinder
自由(じゆう)に　　　　frei

## II. Übersetzungen

**Satzmuster**
1. Lass uns zusammen gehen!
2. Ich habe vor, in Zukunft meine eigene Firma zu gründen.
3. Ich habe vor, nächsten Monat ein Auto zu kaufen.

**Beispielsätze**
1. Das war anstrengend (wörtl. Erschöpft), oder? Wollen wir nicht ein bisschen Pause machen?
   ……Ja, (so) machen wir das!
2. Was machen Sie an Neujahr?
   ……Ich habe vor, mit meiner Familie zu einer heißen Quelle zu fahren.
3. Ist Ihr Bericht schon fertig?
   ……Nein, ich habe ihn noch nicht geschrieben. Ich habe vor, ihn bis Freitag zusammenzufassen.
4. Lernen Sie weiter Japanisch (wörtl. Setzen Sie das Japanischlernen fort), auch wenn Sie in Ihr Heimatland zurückkehren?
   ……Ja, ich beabsichtige, weiter zu lernen.
5. Fahren Sie in den Sommerferien nicht in Ihr Heimatland?
   ……Nein. Da ich die Prüfung im Masterkurs schreibe, habe ich dieses Jahr nicht vor hinzufahren.
6. Ich mache ab morgen eine Geschäftsreise nach New York.
   ……Ach so. Wann kommen Sie zurück?
   Geplant ist, dass ich nächste Woche Freitag zurückkomme.

**Dialog**

### Ich habe vor, Kochen zu lernen

Ogawa: Ab nächsten Monat bin ich Single.
Miller: Wie bitte?
Ogawa: Also, eigentlich werde ich in die Zentrale in Ōsaka versetzt.
Miller: In die Zentrale? Herzlichen Glückwunsch (dazu)!
Aber warum werden Sie Single?
Ogawa: Meine Frau und mein Kind bleiben in Tōkyō.
Miller: Was? Kommen sie nicht mit?
Ogawa: Nein. Mein Sohn sagt, dass er in Tōkyō bleiben möchte, weil er nächstes Jahr die Aufnahmeprüfungen für die Universitäten hat, und meine Frau sagt, dass sie in ihrer jetzigen Firma nicht kündigen möchte.
Miller: Deshalb wohnen Sie dann also getrennt.
Ogawa: Ja. Aber ich beabsichtige, zwei- bis dreimal pro Monat am Wochenende nach Hause zu fahren.
Miller: Das ist aber ganz schön anstrengend.
Ogawa: Aber weil es eine gute Gelegenheit ist, habe ich vor, Kochen zu lernen.
Miller: Das klingt gut.

# III. Zusatzvokabular & -informationen

## 専門(せんもん)　Fachbereiche

| | | | |
|---|---|---|---|
| 医学(いがく) | Medizin | 政治学(せいじがく) | Politikwissenschaft |
| 薬学(やくがく) | Pharmazie | 国際関係学(こくさいかんけいがく) | Internationale Beziehungen |
| 化学(かがく) | Chemie | 法律学(ほうりつがく) | Jura |
| 生化学(せいかがく) | Biochemie | 経済学(けいざいがく) | Wirtschaftswissenschaft |
| 生物学(せいぶつがく) | Biologie | 経営学(けいえいがく) | Betriebswirtschaftslehre |
| 農学(のうがく) | Agrarwissenschaft, Agronomie | 社会学(しゃかいがく) | Soziologie |
| | | 教育学(きょういくがく) | Erziehungswissenschaft |
| 地学(ちがく) | Geowissenschaften | 文学(ぶんがく) | Literaturwissenschaft |
| 地理学(ちりがく) | Geographie | 言語学(げんごがく) | Sprachwissenschaft |
| 数学(すうがく) | Mathematik | 心理学(しんりがく) | Psychologie |
| 物理学(ぶつりがく) | Physik | 哲学(てつがく) | Philosophie |
| 工学(こうがく) | Ingenieurwissenschaft | 宗教学(しゅうきょうがく) | Religionswissenschaft |
| 土木工学(どぼくこうがく) | Tiefbautechnik | 芸術(げいじゅつ) | Kunst |
| 電子工学(でんしこうがく) | Elektronik | 美術(びじゅつ) | bildende Kunst |
| 電気工学(でんきこうがく) | Elektrotechnik | 音楽(おんがく) | Musik, Musikwissenschaft |
| 機械工学(きかいこうがく) | Maschinenbau | 体育学(たいいくがく) | Sport, Sportwissenschaft |
| コンピューター工学(こうがく) | Technische Informatik | | |
| 遺伝子工学(いでんしこうがく) | Gentechnik | | |
| 建築学(けんちくがく) | Architektur | | |
| 天文学(てんもんがく) | Astronomie | | |
| 環境科学(かんきょうかがく) | Umweltwissenschaften | | |

## IV. Grammatik

### 1. Intentionalform

Die Intentionalform wird wie folgt aus der ます-Form gebildet (s. Lehrbuch, L. 31, Übung A1).

Gruppe I: Der letzte Laut aus der い-Spalte der ます-Form wird durch einen Laut der お-Spalte ausgetauscht, und う wird angehängt.

かきーます → かこーう　　いそぎーます → いそごーう
よみーます → よもーう　　あそびーます → あそぼーう

Gruppe II: よう wird an die ます-Form angehängt.

たべーます → たべーよう　　みーます → みーよう

Gruppe III:

しーます → しーよう　　きーます → こーよう

### 2. Verwendung der Intentionalform

1) Die Intentionalform wird als einfache Form von ～ましょう für Sätze im einfachen Stil benutzt.

① ちょっと 休まない？　　　　Wollen wir nicht ein bisschen Pause machen?
……うん、休もう。　　　　…… Ja, lass uns Pause machen.

② 手伝おうか。　　　　　　　Soll ich dir helfen?

③ 傘を 持って 行こうか。　　Sollen wir einen Regenschirm mitnehmen?

[Anm.] Bei Fragesätzen im einfachen Stil wird üblicherweise die Partikel か nicht benutzt, aber beachten Sie bitte, dass die Satzschlusspartikel か bei der Entsprechung zum Fragesatz mit ～ましょうか im einfachen Stil wie bei ② und ③ nötig ist.

2) V Intentionalform と 思って います

Dieses Satzmuster wird verwendet, um das Vorhaben des Sprechers dem Gesprächspartner gegenüber auszudrücken. V Intentionalform と おもいます wird im ähnlichen Sinne verwendet, aber bei V Intentionalform と おもって います wird ausgedrückt, dass der Sprecher dieses Vorhaben bereits einen bestimmten Zeitraum bis jetzt hat.

④ 週末は 海へ 行こうと 思って います。
Ich habe vor, am Wochenende ans Meer zu fahren.

⑤ 今から 銀行へ 行こうと 思います。
Ich habe vor, gleich zur Bank zu gehen.

[Anm.] V Intentionalform と おもいます kann nur das Vorhaben des Sprechers ausdrücken, aber V Intentionalform と おもって います kann das Vorhaben einer dritten Person ausdrücken.

⑥ 彼は 学校を 作ろうと 思って います。
Mein Freund/Er hat vor, eine Schule zu gründen.

**3.** | V Wörterbuchform  
　　 V ない-Form ない | つもりです

V Wörterbuchform つもりです drückt eine Absicht aus. Als Verneinung dieses Satzmusters wird normalerweise V ない-Form ない つもりです verwendet.

⑦ 国へ 帰っても、日本語の 勉強を 続ける つもりです。
　　Ich beabsichtige, Japanisch weiter zu lernen, auch wenn ich in mein Heimatland zurückkehre.

⑧ あしたからは たばこを 吸わない つもりです。
　　Ich beabsichtige, ab morgen nicht (mehr) zu rauchen.

[Anm.] Es gibt keinen großen Unterschied zwischen V Intentionalform と おもって います und V Wörterbuchform つもりです, aber V Wörterbuchform つもりです wird eher verwendet, wenn man ein endgültiges Vorhaben oder einen festen Entschluss zum Ausdruck bringt.

**4.** | V Wörterbuchform  
　　 N の | 予定です

Mit dieser Konstruktion kann man Pläne äußern.

⑨ 7月の 終わりに ドイツへ 出張する 予定です。
　　Es ist geplant, Ende Juli eine Geschäftsreise nach Deutschland zu machen.

⑩ 旅行は 1週間ぐらいの 予定です。
　　Die Reise ist für ungefähr eine Woche geplant.

**5.** | まだ V て-Form いません |

Mit dieser Konstruktion wird ausgedrückt, dass ein Sachverhalt zum Zeitpunkt der Äußerung noch nicht geschehen ist oder dass eine Handlung noch nicht durchgeführt worden ist.

⑪ 銀行は まだ 開いて いません。　Die Bank hat noch nicht geöffnet.

⑫ レポートは もう 書きましたか。
　　……いいえ、まだ 書いて いません。
　　Haben Sie schon Ihren Bericht geschrieben?
　　…… Nein, ich habe ihn noch nicht geschrieben.

**6.** | 帰ります － 帰り |

Wie bei ⑬ und ⑭ wird manchmal die gleiche Form wie die ます-Form als Nomen verwendet.

⑬ 帰りの 新幹線は どこから 乗りますか。
　　Wo steigen wir in den *Shinkansen* für die Rückfahrt ein?

⑭ 休みは 何曜日ですか。
　　An welchen Wochentagen haben Sie geschlossen (wörtl. Welcher Wochentag ist der Ruhetag)? (L. 4)

Außerdem gibt es z.B. noch die folgenden:

遊びます － 遊び　　答えます － 答え
申し込みます － 申し込み　　楽しみます (genießen, sich vergnügen) － 楽しみ

# Lektion 32

## I. Vokabular

| | | |
|---|---|---|
| うんどうします Ⅲ | 運動します | sich sportlich betätigen, Sport machen, sich bewegen |
| せいこうします Ⅲ | 成功します | Erfolg haben, gelingen |
| しっぱいします Ⅲ* [しけんに～] | 失敗します [試験に～] | [bei der Prüfung] einen Misserfolg haben, misslingen |
| ごうかくします Ⅲ [しけんに～] | 合格します [試験に～] | [die Prüfung] bestehen |
| やみます Ⅰ [あめが～] | [雨が～] | [der Regen] hört auf |
| はれます Ⅱ | 晴れます | sich aufklären (in Bezug auf Wetter) |
| くもります Ⅰ | 曇ります | sich bewölken, bedeckt werden |
| つづきます Ⅰ [ねつが～] | 続きます [熱が～] | [das Fieber] dauert an |
| ひきます Ⅰ [かぜを～] | | sich [eine Erkältung] zuziehen, [sich erkälten] |
| ひやします Ⅰ | 冷やします | etw. (ab-) kühlen |
| こみます Ⅰ [みちが～] | 込みます [道が～] | es wird voll [auf der Straße] |
| すきます Ⅰ [みちが～] | [道が～] | leer werden, es leert sich [auf der Straße] |
| でます Ⅱ [しあいに～] [パーティーに～] | 出ます [試合に～] | [das Spiel] mitmachen [an einer Party] teilnehmen |
| むりを します Ⅲ | 無理を します | sich überanstrengen, sich überarbeiten |
| じゅうぶん[な] | 十分[な] | genug |
| おかしい | | komisch, merkwürdig, lustig |
| うるさい | | laut |
| せんせい | 先生 | Herr/Frau Doktor（Anrede für Ärzte） |
| やけど | | Verbrennung（～を します：sich verbrennen） |
| けが | | Verletzung（～を します：sich verletzen） |
| せき | | Husten（～を します／～が でます：husten） |
| インフルエンザ | | Grippe |
| そら | 空 | Himmel |
| たいよう* | 太陽 | Sonne |
| ほし | 星 | Stern |
| かぜ | 風 | Wind |

| | | |
|---|---|---|
| ひがし* | 東 | Osten |
| にし | 西 | Westen |
| みなみ | 南 | Süden |
| きた* | 北 | Norden |
| こくさい〜 | 国際〜 | internationale/-s/-r 〜 |
| すいどう | 水道 | Wasserleitung |
| エンジン | | Motor |
| チーム | | Mannschaft, Team |
| こんや | 今夜 | heute Abend |
| ゆうがた | 夕方 | der frühe Abend, der späte Nachmittag |
| まえ | | früher |
| おそく | 遅く | spät |
| こんなに* | | so |
| そんなに* | | so (in Bezug auf eine Sache, die etw. mit dem Gesprächspartner zu tun hat) |
| あんなに | | so (in Bezug auf eine Sache, die weder etw. mit dem Gesprächspartner noch mit dem Sprecher zu tun hat) |
| ※ヨーロッパ | | Europa |

〈会話〉

| | |
|---|---|
| 元気 | Energie, Lebenskraft, Vitalität |
| 胃 | Magen |
| ストレス | Stress |
| それは いけませんね。 | Das ist aber nicht gut!/Das tut mir aber Leid! |

〈読み物〉

| | |
|---|---|
| 星占い | Horoskop |
| 牡牛座 | Stier (Sternzeichen) |
| 働きすぎ | zu viel arbeiten, zu viel Arbeit |
| 困りますI | Probleme/Schwierigkeiten bekommen, in Verlegenheit geraten |
| 宝くじ | Lotterie, Lotterielos |
| 当たりますI [宝くじが〜] | [im Lotto] gewinnen |
| 健康 | Gesundheit |
| 恋愛 | Liebe, Beziehung |
| 恋人 | Freund/-in, Liebling, Geliebte/-r |
| ラッキーアイテム | Glücksbringer |
| 石 | Stein |

## II. Übersetzungen

### Satzmuster
1. Sie sollten sich besser jeden Tag sportlich betätigen.
2. Morgen wird es wohl schneien.
3. Es könnte sein, dass ich es nicht rechtzeitig zur verabredeten Zeit schaffe.

### Beispielsätze
1. Was halten Sie von Nebenjobs für Studierende?
   ……Ich finde sie gut. Denn man sollte besser verschiedene Erfahrungen machen, wenn man jung ist.

2. Ich möchte gerne für ungefähr einen Monat Europa besuchen (wörtl. zum Vergnügen nach Europa gehen), reichen 400.000 Yen?
   ……Ich glaube, dass es genug ist.
   Aber Sie sollten es besser nicht in bar mitnehmen.

3. Herr Professor/Frau Professorin, wie wird sich die japanische Wirtschaft wohl entwickeln (wörtl. Wie wird wohl die japanische Wirtschaft)?
   ……Hm. Sie wird wohl für eine Weile noch nicht besser werden.

4. Herr/Frau Doktor, hat Hans eine Grippe?
   ……Ja, er hat eine Grippe. Es könnte sein, dass das hohe Fieber zwei, drei Tage andauert, aber Sie brauchen sich keine Sorgen zu machen.

5. Das Geräusch vom Motor ist komisch, nicht wahr?
   ……Stimmt. Es könnte sein, dass er nicht in Ordnung ist (wörtl. Er könnte kaputt sein). Ich werde ihn kurz prüfen.

### Dialog
#### Sie sollten sich besser nicht übernehmen

Ogawa:   Herr Schmidt, Sie sehen matt aus, nicht?
         Was ist denn los?
Schmidt: In letzter Zeit fühle ich mich körperlich nicht gut.
         Ich bekomme manchmal Kopf- und Magenschmerzen.
Ogawa:   Das ist aber nicht gut. Haben Sie bei der Arbeit viel zu tun?
Schmidt: Ja. Ich habe viele Überstunden.
Ogawa:   Vielleicht ist es der Stress.
         Sie sollten sich besser einmal im Krankenhaus untersuchen lassen.
Schmidt: Ja, Sie haben recht.
Ogawa:   Sie sollten sich besser nicht übernehmen.
Schmidt: Ja, wenn die laufende Arbeit vorbei ist, habe ich vor, Urlaub zu nehmen.
Ogawa:   Das ist gut.

## III. Zusatzvokabular & -informationen

### 天気予報 (てんきよほう) Wetterbericht

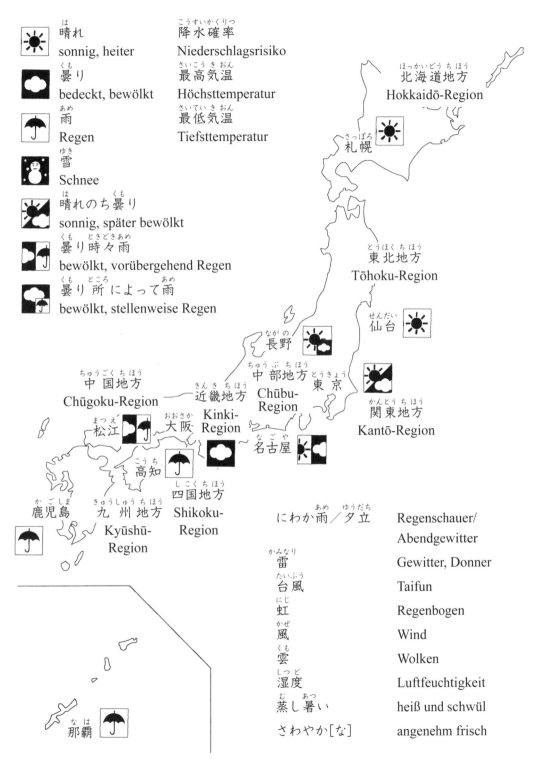

| 晴れ (は) | sonnig, heiter |
| 曇り (くも) | bedeckt, bewölkt |
| 雨 (あめ) | Regen |
| 雪 (ゆき) | Schnee |
| 晴れのち曇り (は／くも) | sonnig, später bewölkt |
| 曇り時々雨 (くも／ときどきあめ) | bewölkt, vorübergehend Regen |
| 曇り所によって雨 (くも／ところ／あめ) | bewölkt, stellenweise Regen |

| 降水確率 (こうすいかくりつ) | Niederschlagsrisiko |
| 最高気温 (さいこうきおん) | Höchsttemperatur |
| 最低気温 (さいていきおん) | Tiefsttemperatur |

北海道地方 (ほっかいどうちほう) Hokkaidō-Region
札幌 (さっぽろ)
東北地方 (とうほくちほう) Tōhoku-Region
仙台 (せんだい)
長野 (ながの)
中部地方 (ちゅうぶちほう) Chūbu-Region
東京 (とうきょう)
関東地方 (かんとうちほう) Kantō-Region
中国地方 (ちゅうごくちほう) Chūgoku-Region
近畿地方 (きんきちほう) Kinki-Region
松江 (まつえ)
大阪 (おおさか)
高知 (こうち)
名古屋 (なごや)
鹿児島 (かごしま)
九州地方 (きゅうしゅうちほう) Kyūshū-Region
四国地方 (しこくちほう) Shikoku-Region
那覇 (なは)

| にわか雨／夕立 (あめ／ゆうだち) | Regenschauer/Abendgewitter |
| 雷 (かみなり) | Gewitter, Donner |
| 台風 (たいふう) | Taifun |
| 虹 (にじ) | Regenbogen |
| 風 (かぜ) | Wind |
| 雲 (くも) | Wolken |
| 湿度 (しつど) | Luftfeuchtigkeit |
| 蒸し暑い (む／あつ) | heiß und schwül |
| さわやか[な] | angenehm frisch |

## IV. Grammatik

1. $\begin{Bmatrix} \text{V た -Form} \\ \text{V ない -Form ない} \end{Bmatrix}$ ほうが いいです

① 毎日 運動した ほうが いいです。
   Sie sollten sich besser jeden Tag sportlich betätigen.
② 熱が あるんです。
   ……じゃ、おふろに 入らない ほうが いいですよ。
   Ich habe Fieber.
   …… Dann sollten Sie besser nicht baden.

Dieses Satzmuster wird verwendet, wenn man jemandem einen Vorschlag macht oder einen Ratschlag gibt. Weil V た -Form ほうが いいです beinhaltet, dass man zwei Alternativen vergleicht und eine davon auswählt, impliziert dieses Satzmuster, dass es nicht gut ist, wenn man diese Handlung nicht durchführt. Aus diesem Grund erzeugt man damit unter Umständen einen aufdringlichen Eindruck. Wenn man jemandem einfach nur eine Handlung empfehlen möchte, wird 〜たら いい (L. 26) benutzt.

③ 日本の お寺が 見たいんですが……。
   ……じゃ、京都へ 行ったら いいですよ。
   Ich möchte mir japanische Tempel anschauen.
   …… Dann fahren Sie am besten nach Kyōto.

2. $\begin{Bmatrix} \text{V} & \text{einfache Form} \\ \text{い -Adj} & \text{einfache Form} \\ \text{な -Adj} & \text{〜だ} \\ \text{N} & \end{Bmatrix}$ でしょう

〜でしょう wird benutzt, wenn der Sprecher seine Meinung zu etwas Zukünftigem oder Ungewissem ohne ein klares Urteil äußert.

④ あしたは 雨が 降るでしょう。
   Morgen wird es wohl regnen.
⑤ タワポンさんは 合格するでしょうか。
   ……きっと 合格するでしょう。
   Wird Thawaphon wohl bestehen?
   …… Er wird sicherlich bestehen.

3. $\begin{Bmatrix} \text{V} & \text{einfache Form} \\ \text{い -Adj} & \text{einfache Form} \\ \text{な -Adj} & \text{〜だ} \\ \text{N} & \end{Bmatrix}$ かも しれません

〜かも しれません kann man benutzen, wenn man sagen möchte, dass es eine, wenn auch nur geringe, Möglichkeit von 〜 gibt.

⑥ 約束の 時間に 間に 合わないかも しれません。
   Es könnte sein, dass ich es nicht rechtzeitig zur verabredeten Zeit schaffe.

## 4. V ます -Form ましょう

⑦ エンジンの 音が おかしいんですが。
……そうですね。故障かも しれません。ちょっと 調べましょう。

Das Geräusch vom Motor ist komisch.
…… Stimmt. Es könnte sein, dass er nicht in Ordnung ist (wörtl. Er könnte kaputt sein). Ich werde ihn kurz prüfen.

V ます -Formましょう von ⑦ ist ein Ausdruck, mit dem der Sprecher dem Gesprächspartner seine Absicht mitteilt. Er wird benutzt, wenn man jemandem anbietet, eine bestimmte Handlung durchzuführen. Er hat eine noch aktivere Nuance als V ます -Formましょうか (L. 14).

## 5. Zahlwort で

Mit dieser Konstruktion wird eine Frist oder Grenze ausgedrückt.

⑧ 駅まで 30分で 行けますか。
Kann man bis zum Bahnhof in 30 Minuten gehen?

⑨ 3万円で パソコンが 買えますか。
Kann man mit 30.000 Yen einen PC kaufen?

## 6. 何か 心配な こと

⑩ 何か 心配な ことが あるんですか。
Haben Sie etwas, um das Sie sich Sorgen machen?

Wie bei ⑩ wird nicht der Ausdruck しんぱいな なにか, sondern der Ausdruck なにか しんぱいな こと verwendet. Als ähnliche Ausdrücke gibt es auch solche wie z.B. なにか ～ もの, どこか ～ ところ, だれか ～ ひと, いつか ～ とき.

⑪ スキーに 行きたいんですが、どこか いい 所、ありますか。
Ich möchte gerne Ski laufen gehen. Kennen Sie vielleicht einen guten Ort (wörtl. Gibt es irgendeinen guten Ort)?

# Lektion 33

## I. Vokabular

| | | |
|---|---|---|
| にげます II | 逃げます | fliehen, weglaufen |
| さわぎます I | 騒ぎます | Krach machen, toben |
| あきらめます II | | aufgeben, verzichten |
| なげます II | 投げます | werfen |
| まもります I | 守ります | befolgen, sich (an etw.) halten |
| はじまります I [しきが〜] | 始まります [式が〜] | [die Zeremonie] beginnt |
| しゅっせきします III [かいぎに〜] | 出席します [会議に〜] | [an einer Sitzung] teilnehmen |
| つたえます II | 伝えます | mitteilen, ausrichten |
| ちゅういします III [くるまに〜] | 注意します [車に〜] | [auf Autos] aufpassen, Acht geben |
| はずします I [せきを〜] | 外します [席を〜] | [seinen Platz] verlassen |
| もどります I | 戻ります | zurückkommen, zurückgehen |
| あります I [でんわが〜] | [電話が〜] | [einen Anruf] bekommen/haben |
| リサイクルします III | | recyceln |
| だめ[な] | | etw. geht nicht, unmöglich |
| おなじ | 同じ | gleich, identisch |
| けいさつ | 警察 | Polizei |
| せき | 席 | Platz (zum Sitzen) |
| マーク | | Zeichen, Markierung |
| ボール | | Ball |
| しめきり | 締め切り | Deadline, Frist |
| きそく | 規則 | Regel |
| きけん | 危険 | Gefahr |
| しようきんし | 使用禁止 | Benutzung verboten! |
| たちいりきんし | 立入禁止 | Zutritt verboten! |
| じょこう | 徐行 | Langsam fahren! |
| いりぐち | 入口 | Eingang |
| でぐち | 出口 | Ausgang |
| ひじょうぐち | 非常口 | Notausgang |
| むりょう | 無料 | kostenlos |
| わりびき | 割引 | Ermäßigung, Rabatt |
| のみほうだい | 飲み放題 | Flatrate-Trinken, Trinken, so viel man möchte |

| | | |
|---|---|---|
| しようちゅう | 使用中 | Besetzt! |
| ぼしゅうちゅう | 募集中 | (Arbeitskräfte etc.) Gesucht! |
| ～ちゅう | ～中 | in ～, während ～, bei ～ |
| どういう ～ | | was für ein/-e ～ |
| いくら［～ても］ | | egal wie viel, wie viel auch |
| もう | | nicht mehr（wird mit Verneinung benutzt） |
| あと ～ | | noch ～ |
| ～ほど | | ungefähr ～, etwa ～ |

〈会話〉
| | |
|---|---|
| 駐車違反 | Falschparken |
| 罰金 | Bußgeld, Geldstrafe |

〈読み物〉
| | |
|---|---|
| 地震 | Erdbeben |
| 起きますⅡ | passieren, sich ereignen |
| 助け合いますⅠ | sich gegenseitig helfen |
| もともと | ursprünglich |
| 悲しい | traurig |
| もっと | noch, mehr |
| あいさつ | Begrüßung/Verabschiedung, Ansprache（～を します：begrüßen/sich verabschieden, eine Ansprache halten） |
| 相手 | der Andere, das Gegenüber |
| 気持ち | Gefühl |

## II. Übersetzungen

**Satzmuster**
1. Beeil dich!
2. Nicht anfassen./Fass es nicht an!
3. „*Tachiiri kinshi*" bedeutet: „Nicht betreten!"
4. Herr Miller hat gesagt, dass er nächste Woche eine Geschäftsreise nach Ōsaka macht.

**Beispielsätze**
1. Es geht nicht! Ich kann nicht mehr laufen!
   ······Durchhalten! Es sind noch 500 Meter!
2. Wir haben keine Zeit mehr!
   ······Wir haben noch eine Minute! Nicht aufgeben!
3. An diesem Teich darf man nicht spielen. Dort drüben steht: „Nicht betreten!"
   ······Ach ja, tatsächlich.
4. Wie liest man die *Kanji* da drüben?
   ······(Man liest sie) „*Kin'en*".
      Das bedeutet, dass man nicht rauchen darf.
5. Was für eine Bedeutung hat dieses Zeichen?
   ······Es bedeutet, dass man es in der Waschmaschine waschen kann.
6. Ist Herr Gupta da?
   ······Er ist im Moment weg (wörtl. Er ist jetzt ausgegangen). Er hat gesagt, dass er ungefähr in 30 Minuten zurückkommt.
7. Entschuldigung, aber könnten Sie bitte Frau Watanabe ausrichten, dass die Party morgen ab 18 Uhr ist?
   ······In Ordnung. Ab 18 Uhr, nicht wahr?

**Dialog**

### Was für eine Bedeutung hat das?

| | |
|---|---|
| Watt: | Entschuldigung. An meinem Auto war so ein Zettel aufgeklebt. Wie liest man diese *Kanji* hier? |
| Universitätsangestellte: | Man liest sie „*Chūsha ihan*". |
| Watt: | „*Chūsha ihan*"... Was für eine Bedeutung hat das? |
| Universitätsangestellte: | Das bedeutet, dass Sie Ihr Auto an einem Ort geparkt haben, wo man es nicht parken darf. Wo haben Sie denn geparkt? |
| Watt: | Vor dem Bahnhof. Ich bin eine Zeitschrift kaufen gegangen, es waren nur zehn Minuten... |
| Universitätsangestellte: | Aber das geht vor dem Bahnhof selbst für zehn Minuten nicht. |
| Watt: | Ach so? Muss ich Strafgeld bezahlen? |
| Universitätsangestellte: | Ja, Sie müssen 15.000 Yen zahlen. |
| Watt: | Was? 15.000 Yen? Die Zeitschrift hat 300 Yen gekostet... |

# III. Zusatzvokabular & -informationen

<ruby>標識<rt>ひょうしき</rt></ruby>　Schilder

| <ruby>営業中<rt>えいぎょうちゅう</rt></ruby> | <ruby>準備中<rt>じゅんびちゅう</rt></ruby> | <ruby>閉店<rt>へいてん</rt></ruby> | <ruby>定休日<rt>ていきゅうび</rt></ruby> |
|---|---|---|---|
| Geöffnet | In Vorbereitung | Geschlossen | Ruhetag |

| <ruby>化粧室<rt>けしょうしつ</rt></ruby> | <ruby>禁煙席<rt>きんえんせき</rt></ruby> | <ruby>予約席<rt>よやくせき</rt></ruby> | <ruby>非常口<rt>ひじょうぐち</rt></ruby> |
|---|---|---|---|
| Toilette | Nichtraucherplatz | Reservierter Platz | Notausgang |

| <ruby>火気厳禁<rt>かきげんきん</rt></ruby> | <ruby>割れ物注意<rt>われものちゅうい</rt></ruby> | <ruby>運転初心者注意<rt>うんてんしょしんしゃちゅうい</rt></ruby> | <ruby>工事中<rt>こうじちゅう</rt></ruby> |
|---|---|---|---|
| Feuer streng verboten! | Zerbrechlich! | Fahranfänger | Baustelle |

| <ruby>塩素系漂白剤不可<rt>えんそけいひょうはくざいふか</rt></ruby> | <ruby>手洗い<rt>てあら</rt></ruby> | アイロン(<ruby>低温<rt>ていおん</rt></ruby>) | ドライクリーニング |
|---|---|---|---|
| Kein chlorhaltiges Bleichmittel benutzen! | Handwäsche | Bügeln bei niedriger Temperatur | Nur chemisch reinigen! |

## IV. Grammatik

1. **Imperativ- und Verbotsform**
   1) Bildung der Imperativform (s. Lehrbuch, L. 33, Übung A1)
   Gruppe I: Der letzte Laut der ます-Form aus der い-Spalte wird durch einen Laut der え-Spalte ausgetauscht.
   かき－ます → かけ　　いそぎ－ます → いそげ
   よみ－ます → よめ　　あそび－ます → あそべ
   Gruppe II: An die ます-Form wird ろ angehängt.
   たべ－ます → たべろ　　み－ます → みろ
   Ausnahme: くれ－ます → くれろ
   Gruppe III: し－ます → しろ　　き－ます → こい
   [Anm.] Verben, die einen Zustand ausdrücken, wie z.B. ある, できる oder わかる, haben keine Imperativform.
   2) Bildung der Verbotsform (s. Lehrbuch, L. 33, Übung A1)
   な wird an die Wörterbuchform angehängt.

2. **Verwendung der Imperativ- und Verbotsform**
   Die Imperativform wird verwendet, wenn man jemanden zu einer Handlung zwingt. Die Verbotsform wird verwendet, wenn man jemandem befiehlt, eine Handlung nicht durchzuführen. Beide Formen klingen tyrannisch und sehr streng, deshalb benutzt man sie am Satzende nur sehr begrenzt. Außerdem werden diese beiden Formen in der gesprochenen Sprache fast nur von Männern benutzt. In den folgenden Fällen werden die Imperativ- und Verbotsform am Satzende verwendet.
   1) Männer, die im Status höher gestellt oder älter sind, sprechen zu niedriger gestellten oder jüngeren Männern. Oder der Vater spricht zu seinem Kind.
   ① 早く 寝ろ。　　　　　　　Geh früh ins Bett!
   ② 遅れるな。　　　　　　　Verspäte dich nicht!
   2) Sprechen unter männlichen Freunden. In diesem Fall wird oft die Partikel よ an das Ende des Satzes angehängt, um den Ton zu mildern.
   ③ あした うちへ 来い[よ]。　Komm [doch] morgen zu mir nach Hause!
   ④ あまり 飲むな[よ]。　　　[Komm,] Trink nicht so viel!
   3) Wenn man keine Zeit hat, dem Gesprächspartner gegenüber auf die Redeweise zu achten: z.B. bei Anweisungen an alle bei einer gemeinsamen Arbeit z.B. in einer Fabrik, oder bei Notfällen wie Brand oder Erdbeben. Auch in diesem Fall werden diese Formen oft nur von im Status höher gestellten oder älteren Männern benutzt.
   ⑤ 逃げろ。　　　　　　　　Lauf weg!
   ⑥ エレベーターを 使うな。　Nicht den Aufzug benutzen!
   4) Wenn man bei einem Gruppentraining, bei einer Sportstunde in der Schule oder bei Sportaktivitäten in einem Club etc. Kommandos gibt.
   ⑦ 休め。　　　　　　　　　Pause (machen)!
   ⑧ 休むな。　　　　　　　　Macht keine Pause!
   5) Wenn man beim Sport zuschaut und anfeuert. In diesem Fall benutzen auch Frauen manchmal diese Formen.
   ⑨ 頑張れ。　　　　　　　　Durchhalten!/Strengt euch an!/Gebt nicht nach!
   ⑩ 負けるな。　　　　　　　Nicht verlieren!

6) Wenn man eine starke Wirkung erzielen möchte oder wenn man auf einen kurzen, schlichten Stil Wert legt, wie bei Verkehrsschildern und Schlagwörtern.

⑪ 止まれ。　　　　　　　　　　　　　Halt!
⑫ 入るな。　　　　　　　　　　　　　Nicht betreten!

[Anm.] Als imperative Konstruktion gibt es außerdem noch V ます-Form なさい. Sie wird z.B. von Eltern verwendet, die zu ihren Kindern sprechen, oder von Lehrern, die zu ihren Schülern sprechen. Dieses Satzmuster hat einen höflicheren Klang als die Imperativform der Verben. Frauen benutzen anstatt der Imperativform dieses Satzmuster. Älteren bzw. Höherstehenden gegenüber kann man es allerdings nicht verwenden.

⑬ 勉強しなさい。　　　　　　　　　　Du sollst lernen!/Lerne!

### 3. ～と 書いて あります／～と 読みます

⑭ あの 漢字は 何と 読むんですか。　　Wie liest man das *Kanji* dort drüben?
⑮ あそこに「止まれ」と 書いて あります。
　　Dort drüben steht: „Halt!" (wörtl. „Halt" ist da drüben geschrieben).

と in ⑭ und ⑮ hat dieselbe Funktion wie bei ～と いいます (L. 21).

### 4. X は Y と いう 意味です

Diese Konstruktion wird verwendet, um die Bedeutung von X zu definieren. と いう kommt von と いいます. Wenn man nach der Bedeutung fragt, benutzt man das Fragewort どういう.

⑯ 「立入禁止」は 入るなと いう 意味です。　„Tachiiri kinshi" bedeutet: „Nicht betreten!"
⑰ この マークは どういう 意味ですか。　Was für eine Bedeutung hat dieses Zeichen?
　　……洗濯機で 洗えると いう 意味です。
　　…… Es bedeutet, dass man es in der Waschmaschine waschen kann.

### 5. „S" / einfache Form } と 言って いました

Wenn man Worte einer dritten Person zitiert, benutzt man ～と いいました (L. 21). Wenn man aber die Worte einer dritten Person jemandem weitergibt oder ausrichtet, drückt man es mit ～と いっていました aus.

⑱ 田中さんは「あした 休みます」と 言って いました。
　　Herr/Frau Tanaka hat gesagt: „Ich komme morgen nicht (in die Firma)".
⑲ 田中さんは あした 休むと 言って いました。
　　Herr/Frau Tanaka hat gesagt, dass er/sie morgen nicht (in die Firma) kommt.

### 6. „S" / einfache Form } と 伝えて いただけませんか

Diese Konstruktion wird verwendet, wenn man jemanden höflich bittet, etwas auszurichten.

⑳ ワンさんに「あとで 電話を ください」と 伝えて いただけませんか。
　　Könnten Sie bitte Herrn Wang ausrichten, dass er mich nachher bitte anrufen soll?
㉑ すみませんが、渡辺さんに あしたの パーティーは 6時からだと 伝えて いただけませんか。
　　Entschuldigung, aber könnten Sie bitte Frau Watanabe ausrichten, dass die Party morgen ab 18 Uhr ist?

# Lektion 34

## I. Vokabular

| | | |
|---|---|---|
| みがきます I [はを～] | 磨きます [歯を～] | [die Zähne] putzen, polieren |
| くみたてます II | 組み立てます | montieren, zusammenbauen |
| おります I | 折ります | falten, brechen |
| きが つきます I [わすれものに～] | 気が つきます [忘れ物に～] | bemerken[, dass man etw. liegen gelassen hat] |
| つけます II [しょうゆを～] | | [Sojasoße] auftragen, nehmen |
| みつかります I [かぎが～] | 見つかります | [der Schlüssel] wird gefunden |
| しつもんします III | 質問します | Fragen stellen |
| さします I [かさを～] | [傘を～] | [einen Regenschirm] aufspannen |
| | | |
| スポーツクラブ | | Sportverein, Sport- und Fitnessstudio |
| [お]しろ | [お]城 | Schloss, Burg |
| | | |
| せつめいしょ | 説明書 | (Bedienungs-) Anleitung |
| ず | 図 | Abbildung, Zeichnung |
| せん | 線 | Linie |
| やじるし | 矢印 | Pfeil (als Zeichen) |
| | | |
| くろ | 黒 | Schwarz |
| しろ* | 白 | Weiß |
| あか* | 赤 | Rot |
| あお* | 青 | Blau |
| こん | 紺 | Dunkelblau |
| きいろ* | 黄色 | Gelb |
| ちゃいろ* | 茶色 | Braun |
| | | |
| しょうゆ | | Sojasoße |
| ソース | | Soße, Worcestersoße |
| | | |
| おきゃく[さん] | お客[さん] | Gast, Kunde |
| | | |
| ～か ～ | | ～ oder ～ |
| | | |
| ゆうべ | | letzte Nacht, gestern Abend |
| さっき | | vorhin, eben jetzt |

〈会話〉
茶道 — Teezeremonie
お茶を たてます Ⅱ — Tee zubereiten (bei der Teezeremonie)
先に — vorerst, zuerst, zunächst einmal
載せます Ⅱ — draufstellen, beladen
これで いいですか。 — Ist es so in Ordnung?
いかがですか。 — Wie schmeckt es Ihnen?（wörtl. Wie ist es?）
苦い — bitter

〈読み物〉
親子どんぶり — Schüssel Reis mit Huhn und Ei
材料 — Zutaten
〜分 — für 〜（drückt die Menge aus）
ーグラム — － Gramm
ー個 — （Zähleinheitssuffix für kleine Gegenstände）
たまねぎ — Zwiebel
4分の1（1/4） — ein Viertel
調味料 — Gewürze
適当な 大きさに — in beliebige Größe
なべ — Topf
火 — Feuer
火に かけます Ⅱ — aufs Feuer setzen
煮ます Ⅱ — in Brühe, Bouillon od. gewürzter Suppe kochen
煮えます Ⅱ — in Brühe, Bouillon od. gewürzter Suppe gekocht werden
どんぶり — Schüssel aus Keramik (wie eine große Reisschale)
たちます Ⅰ — vergehen

## II. Übersetzungen

**Satzmuster**
1. Ich schreibe es genauso, wie es der/die Lehrer/-in gesagt hat.
2. Nachdem ich gegessen habe, putze ich mir die Zähne.
3. Kaffee trinke ich ohne Zucker (wörtl. ohne Zucker hineinzutun).

**Beispielsätze**
1. Das hier ist ein neuer Roboter.
    ⋯⋯Was für ein Roboter ist es?
    Er macht alles genauso, wie es jemand vorgemacht hat.
2. Diesen Tisch baut man selber zusammen?
    ⋯⋯Ja, bauen Sie ihn bitte genau nach der Anleitung zusammen.
3. Warten Sie bitte einen Moment. Die Sojasoße tut man hinein, nachdem man den Zucker reingetan hat.
    ⋯⋯Gut, ich habe verstanden.
4. Wollen wir nicht nach der Arbeit etwas trinken gehen?
    ⋯⋯Es tut mir Leid. Heute ist der Tag, an dem ich zum Sport(verein) gehe.
5. Was soll ich zur Hochzeit eines/einer Freundes/Freundin anziehen?
    ⋯⋯Hm. In Japan gehen Männer in einem schwarzen oder dunkelblauen Anzug und mit einer weißen Krawatte.
6. Nimmt man dazu Soße (wörtl. Tut man Soße daran)?
    ⋯⋯Nein, essen Sie es bitte ohne alles (wörtl. ohne etwas daran zu tun).
7. Ich fahre in letzter Zeit nicht mit dem Aufzug, sondern benutze die Treppe.
    ⋯⋯Das ist ein guter Sport, nicht wahr?

**Dialog**

### Machen Sie es bitte genauso, wie ich es gemacht habe

| | |
|---|---|
| Klara: | Ich würde mir gerne einmal eine Teezeremonie anschauen… |
| Watanabe: | Wollen wir dann nicht am nächsten Samstag zusammen gehen? ……………………………………………………………… |
| Teezeremonielehrerin: | Frau Watanabe, bereiten Sie bitte den Tee zu. Klara, bitte essen Sie schon mal die Süßigkeit. |
| Klara: | Wie, isst man zuerst die Süßigkeit? |
| Teezeremonielehrerin: | Ja. Wenn man den Tee trinkt, nachdem man eine Süßigkeit gegessen hat, schmeckt es gut. |
| Klara: | Ach so. |
| Teezeremonielehrerin: | Also dann, trinken wir den Tee. Zuerst nimmt man die Teeschale mit der rechten Hand und legt sie auf die linke Hand. Als Nächstes dreht man die Teeschale zweimal, und dann trinkt man. |
| Klara: | Ja. |
| Teezeremonielehrerin: | Also dann, machen Sie es bitte genauso, wie ich es gemacht habe. ……………………………………………………………… |
| Klara: | Ist das so richtig? |
| Teezeremonielehrerin: | Ja. Wie schmeckt er Ihnen? |
| Klara: | Er ist ein bisschen bitter, schmeckt aber gut. |

## III. Zusatzvokabular & -informationen

### 料理(りょうり) Kochen

| 料理(りょうり) Kochen | |
|---|---|
| 煮(に)る | in Brühe, Bouillon od. gewürzter Suppe kochen |
| 焼(や)く | grillen, braten, backen, toasten |
| 揚(あ)げる | frittieren |
| いためる | anbraten |
| ゆでる | (in Wasser) kochen |
| 蒸(む)す | dämpfen |
| 炊(た)く | (Reis) kochen |
| むく | schälen |
| 刻(きざ)む | hacken, zerschnitzeln |
| かき混(ま)ぜる | mischen |

| 調味料(ちょうみりょう) Gewürze | |
|---|---|
| しょうゆ | Sojasoße |
| 砂糖(さとう) | Zucker |
| 塩(しお) | Salz |
| 酢(す) | Essig |
| みそ | Miso |
| 油(あぶら) | Öl, Fett |
| ソース | Worcestersoße |
| マヨネーズ | Mayonnaise |
| ケチャップ | Ketchup |
| からし（マスタード） | Senf |
| こしょう | Pfeffer |
| とうがらし | rote Pfefferschote |
| しょうが | Ingwer |
| わさび | jap. Meerrettich, Wasabi |
| カレー粉(こ) | Currypulver |

### 台所用品(だいどころようひん) Küchengeräte und -utensilien

| | | | |
|---|---|---|---|
| なべ | Topf | 炊飯器(すいはんき) | Reiskocher |
| やかん | Kessel | しゃもじ | Reislöffel |
| ふた | Deckel | 缶切(かんき)り | Dosenöffner |
| おたま | Schöpfkelle | 栓抜(せんぬ)き | Flaschenöffner, Korkenzieher |
| まな板(いた) | Küchenbrett, Schneidebrett | ざる | Sieb |
| 包丁(ほうちょう) | Küchenmesser | ポット | Wasserbereiter (zum Kochen und Warmhalten) |
| ふきん | Küchentuch, Geschirrtuch | ガス台(だい) | Gasherd |
| フライパン | Pfanne | 流(なが)し[台(だい)] | Spüle |
| 電子(でんし)オーブンレンジ | Mikrowelle | 換気扇(かんきせん) | Lüftungsventilator |

## IV. Grammatik

**1.** $\begin{Bmatrix} V_1 \text{た -Form} \\ N \text{ の} \end{Bmatrix}$ とおりに、$V_2$

1) $\boxed{V_1 \text{た -Form とおりに、} V_2}$

Diese Konstruktion drückt aus, dass man $V_2$ unter der gleichen Situation oder auf die gleiche Art und Weise wie $V_1$ durchführt.

① わたしが やった とおりに、やって ください。
　　Machen Sie bitte es genau so, wie ich es gemacht habe.
② 見た とおりに、話して ください。
　　Erzählen Sie es bitte genau so, wie Sie es gesehen haben.

2) $\boxed{N \text{ の とおりに、} V}$

Bedeutet, dass eine Handlung durchgeführt wird, ohne von der durch N ausgedrückten Norm abzuweichen.

③ 線の とおりに、紙を 切って ください。
　　Schneiden Sie bitte das Papier genau entlang der Linie.
④ 説明書の とおりに、組み立てました。
　　Ich habe es genau nach der Anleitung zusammengebaut.

[Anm.] とおり ist ein Nomen, deswegen können Demonstrativa wie z.B. この、その und あの direkt davor stehen und man kann so ausdrücken, dass etwas unter der gleichen Situation oder auf die gleiche Art und Weise gemacht wird, die die Demonstrativa zeigen.

⑤ この とおりに、書いて ください。
　　Schreiben Sie es bitte genauso wie hier.

**2.** $\begin{Bmatrix} V_1 \text{た -Form} \\ N \text{ の} \end{Bmatrix}$ あとで、$V_2$

Bezeichnet, dass die durch $V_2$ ausgedrückte Sache durchgeführt wird (stattfindet), nachdem die durch $V_1$ bzw. N ausgedrückte Sache durchgeführt wurde (stattfand).

⑥ 新しいのを 買った あとで、なくした 時計が 見つかりました。
　　Nachdem ich eine neue Uhr gekauft hatte, ist die, die ich verloren hatte, aufgetaucht (wörtl. wurde die verlorene Uhr gefunden).
⑦ 仕事の あとで、飲みに 行きませんか。
　　Wollen wir nicht nach der Arbeit etwas trinken gehen?

Im Vergleich zu V て -Formから (L. 16), das die gleiche Bedeutung hat, wird dieses Satzmuster verwendet, wenn man auf den zeitlichen Zusammenhang fokussiert. Anders als V て -Formから impliziert es nicht, dass $V_1$ oder N die Voraussetzung oder die vorbereitende Handlung für $V_2$ ist.

**3.** $\begin{Bmatrix} V_1\ \text{て -Form} \\ V_1\ \text{ない -Form ないで} \end{Bmatrix} V_2$

1) $V_1$ stellt eine Begleithandlung oder einen Begleitzustand für die durch $V_2$ ausgedrückte Handlung dar. Zum Beispiel wird in den folgenden Beispielsätzen ⑧ und ⑨ ausgedrückt, ob Sojasoße genommen wird oder nicht, wenn die Handlung たべます durchgeführt wird. Das Subjekt für $V_1$ und $V_2$ ist identisch.

   ⑧ しょうゆを つけて 食べます。
   Ich esse es mit Sojasoße (wörtl. mit Sojasoße daran).

   ⑨ しょうゆを つけないで 食べます。
   Ich esse es ohne Sojasoße (wörtl. Ich esse es, ohne Sojasoße daran zu tun).

2) $V_1$ ない -Form ないで $V_2$ wird auch verwendet, wenn man eine ($V_2$) von zwei Alternativen ($V_1$ und $V_2$), die nicht gleichzeitig durchgeführt werden können, aussucht und durchführt.

   ⑩ 日曜日は どこも 行かないで、うちで ゆっくり 休みます。
   Am Sonntag gehe ich nirgendwohin, sondern ruhe mich zu Hause gut aus.

# Lektion 35

## I. Vokabular

| | | |
|---|---|---|
| さきます I [はなが～] | 咲きます [花が～] | [eine Blume] erblüht |
| かわります I [いろが～] | 変わります [色が～] | [die Farbe] ändert sich |
| こまります I | 困ります | Probleme/Schwierigkeiten bekommen, in Verlegenheit geraten |
| つけます II [まるを～] | 付けます [丸を～] | [mit einem Kreis] markieren |
| なおります I [びょうきが～] [こしょうが～] | 治ります、直ります [病気が～] [故障が～] | [eine Krankheit] heilt [der Defekt] wird repariert |
| クリックします III | | klicken |
| にゅうりょくします III | 入力します | eingeben |
| ただしい | 正しい | richtig |
| むこう | 向こう | da hinten, da vorne, drüben |
| しま | 島 | Insel |
| みなと | 港 | Hafen |
| きんじょ | 近所 | Nachbarschaft |
| おくじょう | 屋上 | Flachdach（, welches man betreten kann） |
| かいがい | 海外 | Übersee, Ausland |
| やまのぼり | 山登り | Bergsteigen |
| れきし | 歴史 | Geschichte |
| きかい | 機会 | Gelegenheit, Chance |
| きょか | 許可 | Erlaubnis, Genehmigung |
| まる | 丸 | Kreis |
| ふりがな | | *Furigana*（Lesung über *Kanji*） |
| せつび | 設備 | Einrichtung, Anlage |
| レバー | | Hebel |
| キー | | Taste |
| カーテン | | Vorhang |
| ひも | | Schnur, Band |
| すいはんき | 炊飯器 | Reiskocher |
| は | 葉 | Blatt（einer Pflanze） |
| むかし | 昔 | frühere Zeit, alte Zeiten |
| もっと | | mehr, noch |

|  |  |
|---|---|
| これで おわりましょう。 これで 終わりましょう。 | Das war's für heute. |
| ※箱根 (はこね) | Kurort und Touristikregion in der Präfektur Kanagawa |
| ※日光 (にっこう) | Touristikregion in der Präfektur Tochigi |
| ※アフリカ | Afrika |
| ※マンガミュージアム | Kyoto International Manga Museum |
| ※みんなの 学校 (がっこう) | fiktive japanische Sprachschule |
| ※大黒ずし (だいこく) | fiktives Sushi-Restaurant |
| ※IMC パソコン 教室 (きょうしつ) | fiktive PC-Schule |
| ※母の 味 (はは・あじ) | fiktiver Buchtitel |
| ※はる | fiktiver Friseursalon |
| ※佐藤歯科 (さとうしか) | fiktive Zahnklinik |
| ※毎日クッキング (まいにち) | fiktive Kochschule |

〈会話 (かいわ)〉

|  |  |
|---|---|
| それなら | wenn das so ist, in diesem Fall, dann |
| 夜行バス (やこう) | Nachtbus |
| さあ | nun, tja, also (wird benutzt, wenn man über etw. nicht so gut Bescheid weiß/es nicht so gut kennt) |
| 旅行社 (りょこうしゃ) | Reisebüro |
| 詳しい (くわ) | ausführlich, näher |
| スキー 場 (じょう) | Skigebiet |
| ※草津 (くさつ) | Kurort in der Präfektur Gunma |
| ※志賀高原 (しがこうげん) | Hochebene im Nationalpark in der Präfektur Nagano |

〈読み物 (よ・もの)〉

|  |  |
|---|---|
| 朱 (しゅ) | Zinnoberrot, Rot |
| 交わりますI (まじ) | sich vermischen, sich befreunden |
| ことわざ | Sprichwort |
| 関係 (かんけい) | Beziehung |
| 仲よく しますIII (なか) | sich anfreunden, zusammenhalten, zusammenstehen |
| 必要[な] (ひつよう) | nötig |

## II. Übersetzungen

**Satzmuster**
1. Wenn es Frühling wird, blühen die Kirschblüten.
2. Wenn das Wetter schön ist, kann man dahinten eine Insel sehen.
3. Für eine Reise nach Hokkaidō ist der Juni eine gute Zeit (wörtl. Wenn es sich um eine Reise nach Hokkaidō handelt, ist der Juni gut).

**Beispielsätze**
1. Das Fenster (vom Auto) geht nicht auf...
   ......Wenn Sie den Knopf drücken, geht es auf.
2. Gibt es noch andere Meinungen?
   ......Nein, nichts weiter (wörtl. nichts Besonderes).
   Wenn es nichts gibt, dann lassen Sie uns hier Schluss machen.
3. Wie ist das Leben in Japan?
   ......Es ist sehr praktisch. Aber ich denke, dass es noch besser wäre, wenn die Preise ein bisschen niedriger wären.
4. Müssen wir bis morgen die Hausarbeit abgeben?
   ......Wenn Sie es nicht schaffen (wörtl. Wenn es unmöglich ist), geben Sie sie bitte bis Freitag ab.
5. Ich möchte Bücher ausleihen. Wie mache ich das (am besten)?
   ......Lassen Sie sich bitte an der Rezeption eine Karte ausstellen.
6. Ich habe vor, zwei, drei Tage zu verreisen. Kennen Sie vielleicht einen guten Ort (wörtl. Gibt es nicht irgendeinen guten Ort)?
   ......Hm. Wenn es zwei, drei Tage sind, denke ich, dass (entweder) Hakone oder Nikkō gut ist.

**Dialog**

### Kennen Sie vielleicht einen guten Ort?

Thawaphon: Herr Suzuki, ich möchte gerne in den Winterferien mit meinen Freunden Skifahren gehen. Kennen Sie vielleicht einen guten Ort?
Suzuki: Wie viele Tage sind geplant?
Thawaphon: Ungefähr drei Tage.
Suzuki: Wenn das so ist, denke ich, dass (entweder) Kusatsu oder Shigakōgen gut ist. Es gibt da auch heiße Quellen...
Thawaphon: Wie fährt man dahin?
Suzuki: Man kann zwar auch mit JR fahren, aber wenn Sie einen Nachtbus nehmen, dann kommen Sie morgens an, deshalb ist es praktisch.
Thawaphon: Ach so. Welches von beiden ist billiger?
Suzuki: Tja... Wenn Sie in ein Reisebüro gehen, erfahren Sie Näheres.
Thawaphon: Und ich habe keinerlei Skiausrüstung oder Skikleidung...
Suzuki: Sie können sich alles am Skiort ausleihen. Wenn Sie sich Sorgen machen, können Sie so etwas im Reisebüro auch reservieren...
Thawaphon: Ach so. Vielen Dank!

# III. Zusatzvokabular & -informationen

## ことわざ　　Sprichwörter

住めば都
*Zu Hause ist da, wo man sich wohl fühlt.*
Egal was für ein Ort es ist, wenn man dort lange lebt, erscheint es einem als der beste Ort.

三人寄れば文殊の知恵
*Vier Augen sehen mehr als zwei.*
Auch wenn man nicht besonders intelligent ist, hat man, wenn man sich zu dritt berät, gute Ideen.

立てばしゃくやく、座ればぼたん、
　　　　　歩く姿はゆりの花
Stehend eine Pfingstrose, sitzend eine Päonie, gehend eine Lilie. Metapher für eine schöne Frau.

ちりも積もれば山となる
*Kleinvieh macht auch Mist.*
Egal wie klein der Gegenstand ist, wenn sich mehrere versammeln, wird er ganz groß.

うわさをすれば影
*Wenn man vom Teufel spricht, dann kommt er.*
Wenn man von jemandem spricht, dann kommt es oft vor, dass diese Person auftaucht.

苦あれば楽あり、楽あれば苦あり

*Auf Regen folgt Sonnenschein, auf Sonnenschein folgt Regen.*

Wenn man unter Schwierigkeiten leidet, passiert später etwas Gutes. Und umgekehrt kommen, wenn man es gut hat, auch wieder schwierige Zeiten auf einen zu. Im Leben gibt es nicht immer nur gute oder schlechte Zeiten.

## IV. Grammatik

**1. Bildung der Konditionalform** (s. Lehrbuch, L. 35, Übung A1)

Gruppe I: Der letzte Laut der ます-Form aus der い-Spalte wird durch einen Laut der え-Spalte ausgetauscht, und ば wird angehängt.
Gruppe II: れば wird an die ます-Form angehängt.
Gruppe III: し-ます → すれば　　き-ます → くれば
[Anm.] Wenn man aus der Verneinung von Verben (Bsp. いかない) die Konditionalform bilden möchte, wird an die ない-Form（Bsp. いか）なければ angehängt.
い-Adj: い wird durch ければ ersetzt.
な-Adj: な wird weggelassen, und なら wird angehängt.
N: なら wird angehängt.

**2.** | **Konditionalform、～** |

1) Durch die erste Hälfte des Satzes wird die nötige Voraussetzung ausgedrückt, damit der Sachverhalt in der zweiten Hälfte des Satzes (dem Hauptsatz) zustande kommt.

① ボタンを 押せば、窓が 開きます。
　　Wenn Sie den Knopf drücken, geht das Fenster auf.
② 彼が 行けば、わたしも 行きます。
　　Wenn mein Freund/er geht, dann gehe ich auch.
③ あした 都合が よければ、来て ください。
　　Wenn es Ihnen morgen zeitlich passt, kommen Sie bitte.
④ いい 天気なら、向こうに 島が 見えます。
　　Wenn das Wetter schön ist, kann man dahinten eine Insel sehen (wörtl. ist ... sichtbar).

2) Ein Urteil des Sprechers wird aufgrund eines Umstands oder in Bezug auf etwas abgegeben, das der Gesprächspartner gesagt hat.

⑤ ボールペンが ないんですが。　　Ich habe keinen Kugelschreiber.
　　……ボールペンが なければ、鉛筆で 書いて ください。
　　…… Wenn Sie keinen Kugelschreiber haben, schreiben Sie bitte mit einem Bleistift.
⑥ あしたまでに レポートを 出さなければ なりませんか。
　　……無理なら、金曜日までに 出して ください。
　　Müssen wir bis morgen die Hausarbeit abgeben?
　　…… Wenn es nicht geht, geben Sie sie bitte bis Freitag ab.

In der Regel stehen in der zweiten Hälfte des Satzes (dem Hauptsatz) keine Ausdrücke wie z.B. Absichten, Wünsche, Befehle oder Bitten, aber wenn das Subjekt in der ersten und zweiten Hälfte des Satzes unterschiedlich ist (②) , und wenn das Prädikat in der ersten Hälfte des Satzes einen Zustand ausdrückt (③, ⑤), kann man solche Ausdrücke benutzen.

[Vgl.] Vergleichbare Ausdrücke, die bis zu dieser Lektion gelernt wurden:

1) ～と (L. 23)

～と drückt aus, dass ein Zustand, eine Handlung, ein Ereignis oder ein Sachverhalt im darauf folgenden Hauptsatz notwendigerweise entsteht, wenn die Handlung oder das Ereignis passiert, die/das vor と steht. In der letzten Hälfte des Satzes (Hauptsatz) können keine Ausdrücke für Absichten, Wünsche, Befehle, Bitten etc. stehen.

⑦ ここを 押すと、ドアが 開きます。　　Wenn man hier drückt, geht die Tür auf.
Die Bedingung von ⑦ kann man auch mit ～ば ausdrücken.
⑧ ここを 押せば、ドアが 開きます。　　Wenn man hier drückt, geht die Tür auf.

2) ～たら (L. 25)

Für ～たら gibt es zwei Verwendungen: (1) eine Hypothese wird ausgedrückt, und (2) wenn klar ist, dass das durch V た -Form ら Ausgedrückte passieren wird, wird gesagt, dass nachdem dies passiert ist, die Handlung bzw. das Ereignis im darauf folgenden Hauptsatz passiert. In der zweiten Hälfte des Satzes (Hauptsatz) können Ausdrücke für Absichten, Wünsche, Befehle, Bitten etc. benutzt werden.

⑨ 東京へ 来たら、ぜひ 連絡して ください。
   Wenn Sie nach Tōkyō kommen, melden Sie sich bitte unbedingt bei mir.
 ×東京へ 来ると、ぜひ 連絡して ください。
 ×東京へ 来れば、ぜひ 連絡して ください。
⑩ 田中さんが 東京へ 来れば、[わたしは] 会いに 行きます。
   Wenn Herr/Frau Tanaka nach Tōkyō kommt, gehe ich ihn/sie treffen.

Wenn wie bei ⑨ in der zweiten Hälfte des Satzes (Hauptsatz) die Absicht des Sprechers steht, kann ～たら benutzt werden, ～と und ～ば können dagegen nicht verwendet werden. Wenn allerdings das Subjekt in der ersten und zweiten Hälfte (Hauptsatz) des Satzes wie bei ⑩ unterschiedlich ist, kann man ～ば benutzen, auch wenn in der zweiten Hälfte des Satzes die Absicht des Sprechers steht. Man kann also sagen, dass ～たら in den meisten Fällen angewendet werden kann. Jedoch ist es für die Schriftsprache schlecht geeignet, weil es umgangssprachlich ist.

**3.** | **Fragewort V Konditionalform いいですか** |

Mit dieser Konstruktion fragt der Sprecher den Gesprächspartner um Rat oder um eine Anweisung. Man kann sie auf die gleiche Art und Weise wie ～たら いいですか benutzen, die Sie in Lektion 26 gelernt haben.

⑪ 本を 借りたいんですが、どう すれば いいですか。
   Ich möchte gerne Bücher ausleihen. Wie mache ich das (am besten)?
⑫ 本を 借りたいんですが、どう したら いいですか。
   Ich möchte gerne Bücher ausleihen. Wie mache ich das (am besten)? (L. 26)

**4.** | **N なら、～** |

N なら wird auch verwendet, wenn man etwas aufgreift, das der Gesprächspartner gesagt hat, und dazu irgendwie geartete Informationen liefert.

⑬ 温泉に 行きたいんですが、どこが いいですか。……温泉なら、白馬が いいですよ。
   Ich möchte gerne zu einer heißen Quelle fahren. Kennen Sie einen guten Ort (wörtl. Wo ist es gut)?  …… Wenn es um heiße Quellen geht, ist Hakuba gut.

**5.** | **～は ありませんか（verneinter Fragesatz）** |

⑭ 2、3日 旅行を しようと 思って いるんですが、どこか いい 所は ありませんか。
   Ich habe vor, zwei, drei Tage zu verreisen, kennen Sie vielleicht einen guten Ort (wörtl. gibt es nicht irgendeinen guten Ort)?

いい ところは ありませんか in ⑭ hat die gleiche Bedeutung wie いい ところは ありますか, aber いい ところは ありませんか ist eine rücksichtsvollere Frageweise, weil der Gesprächspartner dadurch, dass der Sprecher mit ありませんか fragt, leichter mit „es gibt keinen" antworten kann. Wie Sie hier sehen, ist die verneinte Frage im Allgemeinen eine höflichere Frageweise. Wenn man darauf antwortet, verwendet man entweder はい、あります oder いいえ、ありません.

# Lektion 36

## I. Vokabular

| | | |
|---|---|---|
| あいますI<br>　［じこに～］ | <br>［事故に～］ | [einen Unfall] haben |
| ちょきんしますIII | 貯金します | （Geld）sparen |
| すぎますII<br>　［7じを～］ | 過ぎます<br>　［7時を～］ | es ist [sieben] vorbei, es ist nach [sieben] |
| なれますII<br>　［しごとに～］ | 慣れます<br>　［仕事に～］ | sich [an die Arbeit] gewöhnen |
| くさりますI<br>　［たべものが～］ | 腐ります<br>　［食べ物が～］ | [das Essen] verfault |
| | | |
| けんどう | 剣道 | Kendō（Fechten auf jap. Art） |
| じゅうどう* | 柔道 | Judo |
| | | |
| ラッシュ | | Stoßzeit |
| うちゅう | 宇宙 | Weltall |
| きょく | 曲 | Musikstück |
| | | |
| まいしゅう | 毎週 | jede Woche |
| まいつき* | 毎月 | jeder Monat, jeden Monat |
| まいとし*<br>　（まいねん） | 毎年 | jedes Jahr |
| | | |
| このごろ | | in diesen Tagen, in letzter Zeit, heute |
| | | |
| やっと | | endlich |
| かなり | | ziemlich（mehr als man erwartet, mehr als der Durchschnitt） |
| | | |
| かならず | 必ず | unbedingt, auf jeden Fall |
| ぜったいに | 絶対に | absolut, auf keinen Fall |
| じょうずに | 上手に | geschickt, gut |
| できるだけ | | möglichst |
| ほとんど | | fast alle/meistens（im affirmativen Satz）, kaum/selten（im Verneinungssatz） |
| | | |
| ※ショパン | | Chopin（polnischer Musiker, 1810-1849） |

〈会話〉
お客様 — Gast, Kunde (ehrerbietige Entsprechung von おきゃくさん)
特別[な] — besonders, speziell
して いらっしゃいます — machen (ehrerbietige Entsprechung von して います)
水泳 — Schwimmen
違います Ⅰ — anders sein, sich unterscheiden
使って いらっしゃるんですね。 — Sie benutzen …, nicht wahr? (ehrerbietige Entsprechung von つかって いるんですね)
チャレンジします Ⅲ — sich einer Herausforderung stellen, versuchen
気持ち — Lust, Einstellung, Gefühl

〈読み物〉
乗り物 — Fahrzeug
ー世紀 — ー Jahrhundert
遠く — weit, die Ferne
珍しい — selten
汽車 — Lokomotive
汽船 — Dampfer
大勢の〜 — viele (in Bezug auf Menschen)
運びます Ⅰ — transportieren
利用します Ⅲ — (be-) nutzen
自由に — frei

## II. Übersetzungen

**Satzmuster**
1. Ich trainiere jeden Tag, damit ich schnell schwimmen kann.
2. Endlich kann ich Fahrrad fahren (wörtl. Endlich bin ich so weit gekommen, Fahrrad fahren zu können).
3. Ich bemühe mich, jeden Tag ins Tagebuch zu schreiben.

**Beispielsätze**
1. Ist das da ein elektronisches Wörterbuch?
    ······Ja. Ich habe es dabei, damit ich sofort nachschlagen kann, wenn es ein Wort gibt, das ich nicht kenne.
2. Was bedeutet der rote Kreis auf dem Kalender?
    ······Das ist der Müllabfuhrtag. Ich habe ihn mit einem Kreis versehen, damit ich ihn nicht vergesse.
3. Haben Sie sich schon an japanisches Essen gewöhnt?
    ······Ja. Am Anfang konnte ich es nicht essen, aber jetzt kann ich alles essen (wörtl. jetzt bin ich so weit gekommen, alles essen zu können).
4. Können Sie jetzt Stücke von Chopin spielen (wörtl. Sind Sie so weit gekommen, Stücke von Chopin spielen zu können)?
    ······Nein, kann ich noch nicht (spielen). Ich möchte sie bald spielen können (wörtl. Ich möchte schnell dahin kommen, sie spielen zu können).
5. Eine neue Straße wurde gebaut, nicht wahr?
    ······Ja. Wir können jetzt die Heimatstadt meines Mannes in vier Stunden erreichen (wörtl. Es ist so geworden, dass wir bis zur Heimatstadt meines Mannes in vier Stunden zurückkehren können).
6. Essen Sie keine süßen Sachen?
    ······Nein. Ich bemühe mich, möglichst keine zu essen.
7. Die Prüfung beginnt um 9 Uhr. Versuchen Sie bitte, sich auf keinen Fall zu verspäten. Wenn man sich verspätet, kann man nicht mehr rein.
    ······Ja, ich habe verstanden.

**Dialog**

### Ich bemühe mich, jeden Tag Sport zu machen

| | |
|---|---|
| Reporter: | Guten Tag, meine Damen und Herren. Unser heutiger Gast ist Frau Yone Ogawa, die dieses Jahr 80 Jahre alt ist. |
| Ogawa, Yone: | Guten Tag. |
| Reporter: | Sie sind aber fit. Machen Sie etwas Besonderes? |
| Ogawa, Yone: | Ich bemühe mich, jeden Tag Sport zu machen. |
| Reporter: | Was für Sport? |
| Ogawa, Yone: | Tanzen, Schwimmen… In letzter Zeit bin ich so weit gekommen, 500 Meter schwimmen zu können. |
| Reporter: | Das ist ja toll! Und das Essen? |
| Ogawa, Yone: | Ich esse alles, aber ich mag vor allem Fisch. Ich bemühe mich, jeden Tag ein anderes Gericht zu kochen. |
| Reporter: | Sie benutzen Kopf und Körper viel, nicht wahr? |
| Ogawa, Yone: | Ja. Ich möchte nächstes Jahr nach Frankreich fahren. Deshalb habe ich auch mit Französisch angefangen. |
| Reporter: | Es ist wichtig, dass man sich allen Herausforderungen stellt, nicht wahr? Herzlichen Dank für das unterhaltsame Gespräch! |

## III. Zusatzvokabular & -informationen

健康 (けんこう) **Gesundheit**

いいださん
- 規則正しい生活をする
  einen geregelten Lebenswandel führen
- 早寝、早起きをする
  früh ins Bett gehen und früh aufstehen
- 運動する／スポーツをする
  Sport machen
- よく歩く
  viel zu Fuß gehen
- 好き嫌いがない
  beim Essen nicht wählerisch sein
- 栄養のバランスを考えて食べる
  ausgewogen essen
- 健康診断を受ける
  Gesundheitsuntersuchungen machen lassen

だめださん
- 夜更かしをする
  bis spät in die Nacht aufbleiben
- あまり運動しない
  nicht so viel Sport machen
- 好き嫌いがある
  beim Essen wählerisch sein
- よくインスタント食品を食べる
  häufig Fertiggerichte essen
- 外食が多い
  häufig auswärts essen
- たばこを吸う
  rauchen
- よくお酒を飲む
  häufig Alkohol trinken

5つの大切な栄養素とそれを含む食べ物
Fünf wichtige Nährstoffe und Lebensmittel, die sie enthalten

- 炭水化物 Kohlenhydrate
- いも Kartoffeln
- のり Algenprodukte
- カルシウム Kalzium
- 海草 Seetang
- とうふ Tofu
- たんぱく質 Proteine
- 豆 Bohnen, Erbsen
- 脂肪 Fett
- ビタミン Vitamine

## IV. Grammatik

**1.** $\boxed{\begin{array}{l}\text{V}_1 \text{ Wörterbuchform} \\ \text{V}_1 \text{ ない -Form ない}\end{array}}\Bigg\} \text{ように、V}_2$

ように drückt aus, dass das Ziel bzw. der Zweck von V₂ das Erreichen des Zustands ist, der mit ～ように ausgedrückt wird. Vor ように wird die Wörterbuchform (①) von Verben, die keine Absicht ausdrücken (z.B. Potentialverben, わかります, みえます, きこえます, なります etc.), oder die Verneinung (②) verwendet.

① 速く 泳げるように、毎日 練習して います。
   Ich trainiere jeden Tag, damit ich schnell schwimmen kann.

② 忘れないように、メモして ください。
   Machen Sie sich bitte Notizen, damit Sie es nicht vergessen.

**2.** $\boxed{\text{V Wörterbuchform ように なります}}$

1) なります drückt eine Veränderung des Zustands aus. Wenn es mit Potentialverben und Verben wie わかります und みえます steht, drückt V Wörterbuchform ように なります aus, dass sich der Zustand, in dem etwas nicht gemacht werden kann, in einen Zustand ändert, in dem etwas gemacht werden kann.

③ 毎日 練習すれば、泳げるように なります。
   Wenn Sie jeden Tag üben, werden Sie schwimmen können (wörtl. kommen Sie so weit, schwimmen zu können).

④ やっと 自転車に 乗れるように なりました。
   Endlich kann ich Fahrrad fahren (wörtl. Endlich bin ich so weit gekommen, Fahrrad fahren zu können).

2) Wenn man auf die Frage ～ように なりましたか mit der Verneinung いいえ antwortet, ergibt sich folgende Form.

⑤ ショパンの 曲が 弾けるように なりましたか。
   ……いいえ、まだ 弾けません。
   Können Sie jetzt Stücke von Chopin spielen (wörtl. Sind Sie so weit gekommen, Stücke von Chopin spielen zu können)?
   …… Nein, kann ich noch nicht (spielen).

[Anm.] Im Lehrbuch wird folgende Verwendung nicht weiter behandelt: Wenn die Satzstruktur 2. mit anderen Verben als Potentialverben oder わかります und みえます steht, bedeutet sie, dass man sich eine vorher nicht vorhandene Gewohnheit neu angeeignet hat (⑥).

⑥ 日本人は 100年ぐらいまえから 牛肉や 豚肉を 食べるように なりました。
   Japaner essen seit ungefähr 100 Jahren Rind- oder Schweinefleisch (wörtl. Japaner sind vor ungefähr 100 Jahren so geworden, Rind- oder Schweinefleisch zu essen).

**3.** | V Wörterbuchform
     | V ない-Form ない } ように します

1) ～ように しています

   Diese Satzstruktur drückt aus, dass man sich bemüht, gewohnheitsmäßig etwas zu tun.

   ⑦ 毎日 運動して、何でも 食べるように しています。
   
   Ich bemühe mich, jeden Tag Sport zu machen und alles zu essen.

   ⑧ 歯に 悪いですから、甘い 物を 食べないように しています。
   
   Da es schlecht für die Zähne ist, bemühe ich mich, nichts Süßes zu essen.

2) ～ように して ください

   Mit diesem Ausdruck bittet man jemanden darum sich zu bemühen, dass eine Handlung zustande kommt. Im Vergleich zum direkten Ausdruck der Bitte, ～て／～ないで ください, ist ～ように して ください indirekter und deshalb höflicher. Es wird wie folgt angewandt.

   ⑨ もっと 野菜を 食べるように して ください。
   
   Bemühen Sie sich bitte, mehr Gemüse zu essen.

   ⑩ 絶対に パスポートを なくさないように して ください。
   
   Achten Sie bitte darauf, dass Sie auf keinen Fall Ihren Reisepass verlieren (wörtl. Versuchen Sie bitte, auf keinen Fall ihren Reisepass zu verlieren).

   [Anm.] ～ように して ください kann nicht für eine sofortige Bitte verwendet werden.

   ⑪ すみませんが、塩を 取って ください。
   
   Entschuldigung, aber reichen Sie mir bitte das Salz.

   ×すみませんが、塩を 取るように して ください。

**4.** 早い→早く　　上手な→上手に

Wenn Adjektive andere Adjektive oder Verben bestimmen, werden die い-Adjektive mit der Endung ～く verwendet und die な-Adjektive mit ～に.

⑫ 早く 上手に お茶が たてられるように なりたいです。

Ich möchte schnell lernen, wie man gut Tee zubereitet (wörtl. Ich möchte schnell so weit kommen, dass ich gut Tee zubereiten kann).

# Lektion 37

## I. Vokabular

| | | |
|---|---|---|
| ほめますⅡ | 褒めます | loben |
| しかりますⅠ | | schimpfen |
| さそいますⅠ | 誘います | fragen, ob man etwas mitmacht/ auffordern |
| しょうたいしますⅢ | 招待します | einladen |
| たのみますⅠ | 頼みます | bitten |
| ちゅういしますⅢ | 注意します | warnen, auf etw. hinweisen, ermahnen |
| とりますⅠ | | stehlen, klauen |
| ふみますⅠ | 踏みます | auf etw. treten |
| こわしますⅠ | 壊します | kaputtmachen, abreißen |
| よごしますⅠ | 汚します | schmutzig machen |
| おこないますⅠ | 行います | abhalten, veranstalten, durchführen |
| ゆしゅつしますⅢ | 輸出します | exportieren |
| ゆにゅうしますⅢ | 輸入します | importieren |
| ほんやくしますⅢ | 翻訳します | übersetzen |
| はつめいしますⅢ | 発明します | erfinden |
| はっけんしますⅢ | 発見します | entdecken |
| | | |
| こめ* | 米 | Reis |
| むぎ | 麦 | Getreide, Korn |
| せきゆ | 石油 | Erdöl |
| げんりょう | 原料 | Rohstoff, Material, Bestandteil |
| インスタントラーメン | | Instant-*Rāmen* |
| | | |
| デート | | Date |
| | | |
| どろぼう | 泥棒 | Dieb/-in, Einbrecher/-in |
| けいかん | 警官 | Polizist/-in |
| | | |
| せかいじゅう | 世界中 | die ganze Welt |
| ～じゅう | ～中 | der/die/das ganze ～ |
| －せいき | －世紀 | － Jahrhundert |
| | | |
| なにご | 何語 | welche Sprache |
| だれか | | jemand |
| | | |
| よかったですね。 | | Gut/Schön für Sie! |
| | | |
| ※オリンピック | | Olympische Spiele |
| ※ワールドカップ | | Weltmeisterschaft, WM |
| ※東大寺 (とうだいじ) | | Tōdai-Tempel |
| ※大仏 (だいぶつ) | | große Buddhastatue |
| ※江戸時代 (えどじだい) | | Edo-Zeit (1603-1868) |

| | |
|---|---|
| ※ポルトガル | Portugal |
| ※サウジアラビア | Saudi-Arabien |
| ※ロシア | Russland |

〈会話〉

| | |
|---|---|
| 皆様（みなさま） | Meine Damen und Herren, Verehrte Anwesende (ehrerbietige Entsprechung von みなさん) |
| 焼（や）けますⅡ [うちが〜] | [das Haus] brennt ab |
| その後（ご） | danach, später |
| 世界遺産（せかいいさん） | Welterbe |
| 〜の 一（ひと）つ | eins/eine/-r von 〜 |
| 金色（きんいろ） | Gold (Farbe) |
| 本物（ほんもの） | echt, unverfälscht |
| 金（きん） | Gold |
| 一キロ | − Kilogramm, − Kilometer |
| 美（うつく）しい | schön |

〈読（よ）み物（もの）〉

| | |
|---|---|
| 豪華（ごうか）[な] | prachtvoll, luxuriös |
| 彫刻（ちょうこく） | Bildhauerei |
| 言（い）い伝（つた）え | Legende |
| 眠（ねむ）りますⅠ | schlafen |
| 彫（ほ）りますⅠ | schnitzen |
| 仲間（なかま） | Kollege/Kollegin, Kamerad/-in |
| しかし | aber |
| その あと | danach, später |
| 一生懸命（いっしょうけんめい） | mit ganzer Kraft, nach Kräften, fleißig |
| ねずみ | Maus |
| 一匹（いっぴき）も いません。 | Es gibt keine einzige (Maus). |
| ※東照宮（とうしょうぐう） | Tōshō-Schrein (Shintō-Schrein, an dem Ieyasu Tokugawa verehrt wird) |
| ※眠（ねむ）り猫（ねこ） | Die schlafende Katze |
| ※左甚五郎（ひだりじんごろう） | berühmter japanischer Bildhauer aus der Edo-Zeit (1594-1651) |

## II. Übersetzungen

**Satzmuster**
1. Als Kind wurde ich oft von meiner Mutter ausgeschimpft.
2. Mir wurde in der Stoßzeit im Zug auf den Fuß getreten.
3. Der Hōryū-Tempel wurde im Jahr 607 gebaut.

**Beispielsätze**
1. Ich wurde heute Morgen von dem/-r Abteilungsleiter/-in gerufen.
   ……Gab es irgendetwas?
   Ich wurde ermahnt, die Art und Weise, wie man einen Bericht einer Geschäftsreise schreibt, zu beachten.
2. Was ist denn los?
   ……Jemand hat meinen Regenschirm mit seinem verwechselt (wörtl. Mein Regenschirm wurde von jemandem verwechselt).
3. Schon wieder wurde ein neuer Stern entdeckt.
   ……Ja, wirklich?
4. Wo wird dieses Jahr die Weltkonferenz der Kinder eröffnet?
   ……In Hiroshima (wird sie eröffnet).
5. Bier wird aus Gerste gebraut. Das hier ist der Rohstoff, die Gerste.
   ……Daraus wird also Bier gemacht (wörtl. Das wird also zu Bier).
6. Welche Sprache wird in Brasilien benutzt?
   ……Portugiesisch (wird benutzt).

**Dialog**

### Der Kinkaku-Tempel wurde im 14. Jahrhundert erbaut

Reiseführerin: Meine Damen und Herren, dort drüben sehen Sie den berühmten Kinkaku-Tempel.
Der Kinkaku-Tempel wurde im 14. Jahrhundert erbaut.
Er ist leider im Jahr 1950 einmal abgebrannt, aber später wurde ein neues Gebäude gebaut, und im Jahr 1994 wurde er zum Weltkulturerbe ernannt. Er ist einer der beliebten Tempel in Kyōto.
Karina: Er ist wunderschön. Die Wände sind golden, ist das echtes Gold?
Reiseführerin: Ja. Ungefähr 20 Kilo Gold wurden verwendet.
Karina: Ach, so ist das. Kann man hineingehen?
Reiseführerin: Man kann nicht hinein.
Schauen Sie ihn sich bitte an, während Sie am Teich entlang gehen.
……………………………………………………
Karina: Die (roten) Ahornblätter sind aber schön, nicht wahr?
Reiseführerin: Ja. Man sagt, dass der Kinkaku-Tempel in den Jahreszeiten von Herbstlaub und von Schnee besonders schön ist.

# III. Zusatzvokabular & -informationen

## 事故・事件　Unfall & Verbrechen

## IV. Grammatik

**1. Passivverben**

|  |  | Passivverben | |
|---|---|---|---|
|  |  | höfliche Form | einfache Form |
| I | かきます | かかれます | かかれる |
| II | ほめます | ほめられます | ほめられる |
| III | きます | こられます | こられる |
|  | します | されます | される |

（s. Lehrbuch, L. 37, Übung A1）

Passivverben flektieren als Verben der Gruppe II.
Bsp. かかれます　　かかれる　　かかれ（ない）　　かかれて

**2.** $\boxed{\text{N}_1（\text{Person}_1）\text{は　N}_2（\text{Person}_2）\text{に　V Passiv}}$

Die Handlung, die Person₂ Person₁ gegenüber durchgeführt hat, wird in dieser Satzstruktur vom Standpunkt des Empfängers (Person₁) ausgedrückt. Person₁ wird zum Thema des Satzes gemacht, und der Handelnde (Person₂) wird mit der Partikel に gekennzeichnet.

　　先生が　わたしを　褒めました。
　　Mein/-e Lehrer/-in hat mich gelobt.
① わたしは　先生に　褒められました。
　　Ich wurde von meinem/r Lehrer/-in gelobt.
　　母が　わたしに　買い物を　頼みました。
　　Meine Mutter hat mich gebeten einzukaufen.
② わたしは　母に　買い物を　頼まれました。
　　Ich wurde von meiner Mutter gebeten einzukaufen.

Der Handelnde kann außer einem Menschen auch etwas anderes sein, das sich bewegt (Tiere, Autos etc.).

③ わたしは　犬に　かまれました。　　　　Ich wurde von einem Hund gebissen.

**3.** $\boxed{\text{N}_1（\text{Person}_1）\text{は　N}_2（\text{Person}_2）\text{に　N}_3\text{ を　V Passiv}}$

Diese Satzstruktur drückt aus, dass Person₂ mit dem Besitz o.Ä. (N₃) von Person₁ eine Handlung ausübt. In den meisten Fällen fühlt sich Person₁ von dieser Handlung belästigt.

　　弟が　わたしの　パソコンを　壊しました。
　　Mein jüngerer Bruder hat meinen PC kaputtgemacht.
④ わたしは　弟に　パソコンを　壊されました。
　　Mir wurde mein PC von meinem jüngeren Bruder kaputtgemacht.

Auch hier kann der Handelnde außer einem Menschen auch etwas anderes sein, das sich bewegt (Tiere, Autos etc.).

⑤ わたしは　犬に　手を　かまれました。
　　Mir wurde von einem Hund in die Hand gebissen.

[Anm. 1] Es ist nicht der Besitz, sondern die Person, die sich von der Handlung belästigt fühlt (der Besitzer), die als Thema des Satzes aufgegriffen wird. Zum Beispiel kann man Beispielsatz ④ nicht wie folgt umschreiben: わたしの パソコンは おとうとに こわされました．

[Anm. 2] Da diese Satzstruktur meistens ausdrückt, dass sich der Empfänger der Handlung durch diese belästigt fühlt, muss man mit der Verwendung vorsichtig sein. Wenn man etwas getan bekommt und dafür dankbar ist, benutzt man 〜て もらいます．

×わたしは 友達に 自転車を 修理されました。
⑥ わたしは 友達に 自転車を 修理して もらいました。
Ich habe von einem/r Freund/-in mein Fahrrad repariert bekommen.

## 4. N (Gegenstand/Sache) が／は V Passiv

Wenn man den Handelnden nicht besonders erwähnen muss, kann man auch den Gegenstand oder die Sache zum Subjekt bzw. Thema machen und den Sachverhalt mit einem Passivverb ausdrücken.

⑦ 大阪で 展覧会が 開かれました。
In Ōsaka wurde eine Ausstellung eröffnet.
⑧ 電話は 19世紀に 発明されました。
Das Telefon wurde im 19. Jahrhundert erfunden.
⑨ この 本は 世界中で 読まれて います。
Dieses Buch wird auf der ganzen Welt gelesen.

## 5. N から／N で つくります

Wenn etwas hergestellt wird, wird der Rohstoff mit から, das Material mit で gekennzeichnet.

⑩ ビールは 麦から 造られます。    Bier wird aus Gerste gebraut.
⑪ 昔 日本の 家は 木で 造られました。
Früher wurden japanische Häuser aus Holz gebaut.

## 6. N₁ の N₂

⑫ ビールは 麦から 造られます。    Bier wird aus Gerste gebraut.
   これが 原料の 麦です。    Das hier ist der Rohstoff, die Gerste.

げんりょうの むぎ in ⑫ drückt aus, dass der Rohstoff die Gerste ist. Weitere Beispiele sind ペットの いぬ (L. 39) oder むすこの ハンス (L. 43).

## 7. この／その／あの N (Position)

この, その und あの werden vor positionsanzeigende Nomina wie うえ, した, なか, となり, ちかく gestellt und drücken die räumliche Beziehung zu dem aus, was sie bezeichnen.

⑬ あの 中に 入れますか。    Kann man dort hineingehen?
あの なか in ⑬ bedeutet あの たてものの なか．

# Lektion 38

## I. Vokabular

| | | |
|---|---|---|
| さんかします Ⅲ<br>　［りょこうに～］ | 参加します<br>　［旅行に～］ | [an einer Reise] teilnehmen |
| そだてます Ⅱ | 育てます | großziehen, aufziehen, züchten |
| はこびます Ⅰ | 運びます | tragen, transportieren |
| にゅういんします Ⅲ | 入院します | ins Krankenhaus aufgenommen werden |
| たいいんします Ⅲ | 退院します | aus dem Krankenhaus entlassen werden |
| いれます Ⅱ*<br>　［でんげんを～］ | 入れます<br>　［電源を～］ | [den Strom] ein-/anschalten |
| きります Ⅰ<br>　［でんげんを～］ | 切ります<br>　［電源を～］ | [den Strom] aus-/abschalten |
| かけます Ⅱ<br>　［かぎを～］ | 掛けます | [ein Schloss] abschließen |
| つきます Ⅰ<br>　［うそを～］ | | [lügen] |
| きもちが いい | 気持ちが いい | angenehm sein, gut tun |
| きもちが わるい* | 気持ちが 悪い | unangenehm sein, widerlich sein |
| おおきな ～ | 大きな ～ | ein/-e großer/großes/große ～ |
| ちいさな ～ | 小さな ～ | ein/-e kleiner/kleines/kleine ～ |
| あかちゃん | 赤ちゃん | Baby |
| しょうがっこう | 小学校 | Grundschule |
| ちゅうがっこう* | 中学校 | Mittelschule |
| えきまえ | 駅前 | vor dem Bahnhof |
| かいがん | 海岸 | Meeresküste, Strand |
| こうじょう | 工場 | Fabrik |
| むら | 村 | Dorf |
| かな | | *Hiragana* und *Katakana* |
| ゆびわ | 指輪 | （Finger-）Ring |
| でんげん | 電源 | Ein- und Ausschaltknopf, Stromquelle |
| しゅうかん | 習慣 | Sitte, Gewohnheit |
| けんこう | 健康 | Gesundheit |
| ～せい | ～製 | in ～ hergestellt |
| おととし | | vorletztes Jahr |
| ［あ、］いけない。 | | [Ach,] Mist!/[Oh,] nein!（wird verwendet, wenn man einen Fehler gemacht hat） |

| | | |
|---|---|---|
| おさきに [しつれいします]。 | お先に [失礼します]。 | Auf Wiedersehen!/Tschüß!/Ich ziehe mich schon vorher zurück. |
| ※原爆ドーム | | Atombombenkuppel (Gedenkstätte für den Atombombenabwurf auf Hiroshima) |
| ※出雲大社 | | Izumo-Schrein (*Shintō*-Schrein in Izumo in der Präfektur Shimane) |
| ※チェンマイ | | Chiang Mai (in Thailand) |

〈会話〉

| | |
|---|---|
| 回覧 | Rundschreiben, Umlauf |
| 研究室 | Büro (von Professorinnen/Professoren, Dozierenden) |
| きちんと | richtig, ordentlich |
| 整理します Ⅲ | ordnen |
| 方法 | Methode |
| ～と いう | N, der/die/das ～ heißt |
| －冊 | (Zähleinheitssuffix für Bücher etc.) |
| はんこ | Stempel |
| 押します Ⅰ [はんこを～] | [den Stempel] aufdrücken |

〈読み物〉

| | |
|---|---|
| 双子 | Zwillinge |
| 姉妹 | Schwestern |
| 5年生 | Fünftklässler/-in |
| 似て います Ⅱ | ähnlich sein |
| 性格 | Charakter |
| おとなしい | artig, brav, ruhig |
| 優しい | freundlich, lieb, nett |
| 世話を します Ⅲ | sich kümmern |
| 時間が たちます Ⅰ | die Zeit vergeht |
| 大好き [な] | sehr gerne/lieb haben, sehr mögen, Lieblings～ |
| －点 | － Punkte |
| 気が 強い | sich nichts gefallen lassen/wissen, was man will |
| けんかします Ⅲ | streiten |
| 不思議 [な] | wundersam, seltsam |
| 年齢 | Alter |
| しかた | Art und Weise, wie man etw. macht |

## II. Übersetzungen

**Satzmuster**
1. Malen macht Spaß.
2. Ich mag es, mir die Sterne anzuschauen.
3. Ich habe vergessen, mein Portemonnaie mitzunehmen.
4. Es war letztes Jahr im März, dass ich nach Japan gekommen bin.

**Beispielsätze**
1. Schreiben Sie Ihr Tagebuch weiter?
   ……Nein, nach drei Tagen habe ich leider damit aufgehört. Es ist einfach anzufangen, aber weiter zu machen ist schwierig.
2. Das ist aber ein schöner Garten.
   ……Vielen Dank. Mein Mann kann gut Blumen züchten (wörtl. Mein Mann ist geschickt im Blumenzüchten).
3. Wie ist Tōkyō?
   ……Es gibt viele Menschen. Außerdem laufen alle schnell.
4. Oh, nein!
   ……Was ist denn los?
   Ich habe vergessen, die Autofenster zuzumachen.
5. Wussten Sie, dass Frau Miyazaki ein Baby bekommen hat?
   ……Nein, das wusste ich nicht. Wann war das?
   Vor ungefähr einem Monat.
6. Erinnern Sie sich an die Person, in die Sie sich zum ersten Mal verliebt haben?
   ……Ja. In einem Klassenzimmer in der Grundschule habe ich sie zum ersten Mal gesehen (wörtl. Es war ein Klassenzimmer in der Grundschule, in dem ich sie zum ersten Mal gesehen habe). Sie war meine Musiklehrerin.

**Dialog**

### Ich mag es, aufzuräumen

Universitätsangestellte: Herr Watt, hier ist ein Umlauf.
Watt: Ach, vielen Dank. Legen Sie ihn bitte dahin.
Universitätsangestellte: Ihr Büro ist aber immer ordentlich.
Watt: Ich mag es, aufzuräumen.
Universitätsangestellte: Die Bücher sind richtig nebeneinander aufgereiht… Sie können gut ordnen.
Watt: Ich habe früher mal ein Buch mit dem Titel „Methoden, wie man gut ordnet" geschrieben.
Universitätsangestellte: Was?! Das ist ja großartig!
Watt: Es hat sich allerdings nicht so gut verkauft.
Wenn Sie mögen, kann ich Ihnen ein Exemplar mitbringen.
……………………………………………………………
Universitätsangestellte: Guten Morgen!
Watt: Ach, ich habe vergessen, das Buch mitzubringen. Entschuldigung.
Universitätsangestellte: Das macht nichts. Aber vergessen Sie bitte nicht, den Umlauf zu stempeln. Letzten Monat hatten Sie ihn auch nicht gestempelt.

## III. Zusatzvokabular & -informationen

### 位置　Position

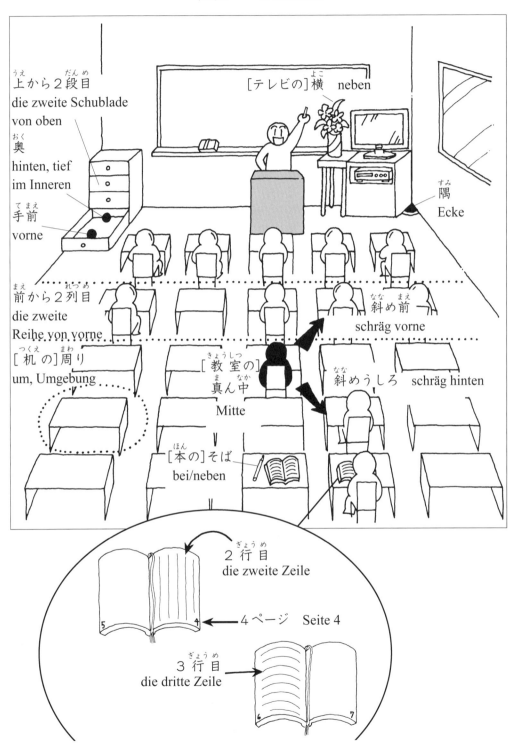

## IV. Grammatik

**1. nominalisierendes の**

の hat die Funktion, verschiedene Ausdrücke zu nominalisieren. Verben, Adjektive und Nomina, an die の angeschlossen wird, stehen nicht in der höflichen, sondern der einfachen Form. Die nominalisierten Ausdrücke bilden, wie im folgenden zu sehen, verschiedenartige Satzbausteine.

**2.** | V Wörterbuchform のは Adj です |

① テニスは おもしろいです。　　　　Tennis ist interessant.

② テニスを するのは おもしろいです。　Tennis spielen ist interessant.

③ テニスを 見るのは おもしろいです。　Tennis anzuschauen ist interessant.

Dieses Satzmuster greift V Wörterbuchform の mit は als Thema auf. Für dieses Satzmuster oft verwendete Adjektive sind unter anderem むずかしい, やさしい, おもしろい, たのしい und たいへん[な].

Verglichen mit Sätzen ohne の wie ① erklären Sätze wie ② und ③ mit の konkret, dass „Tennis spielen" bzw. „Tennis anzuschauen" interessant ist.

**3.** | V Wörterbuchform のが Adj です |

④ わたしは 花が 好きです。　　　　　Ich mag Blumen.

⑤ わたしは 花を 育てるのが 好きです。　Ich mag es, Blumen zu züchten.

⑥ 東京の 人は 歩くのが 速いです。

　　Die Leute in Tōkyō laufen schnell (wörtl. sind schnell im Laufen).

V Wörterbuchform の ist das Objekt des Adjektivs. In diesem Satzmuster werden häufig Adjektive verwendet, die Vorlieben/Abneigungen, Talente oder Fähigkeiten beschreiben, wie z.B. すき[な], きらい[な], じょうず[な], へた[な], はやい und おそい.

**4.** | V Wörterbuchform のを 忘れました | vergessen haben, etw. zu tun

⑦ かぎを 忘れました。　　　　　　　Ich habe den Schlüssel vergessen.

⑧ 牛乳を 買うのを 忘れました。　　　Ich habe vergessen, Milch zu kaufen.

⑨ 車の 窓を 閉めるのを 忘れました。

　　Ich habe vergessen, die Fenster an meinem Auto zuzumachen.

Dieses Satzmuster ist ein Beispiel dafür, wie V Wörterbuchform の zum Objekt mit を wird. Es beschreibt konkret das, was man vergessen hat.

## 5. V einfache Form のを 知って いますか   Wussten Sie, dass ...?

Diese Struktur ist ein Beispiel für V einfache Form の als Objekt mit を. Sie wird benutzt, wenn man jemanden zu etwas Konkretem fragt, ob er es weiß.

⑩ 鈴木さんが 来月 結婚するのを 知って いますか。

　　　Wussten (wörtl. Wissen) Sie, dass Herr Suzuki nächsten Monat heiratet?

[Anm.] Zum Unterschied zwischen しりません und しりませんでした:

⑪ 木村さんに 赤ちゃんが 生まれたのを 知って いますか。

　　　……いいえ、知りませんでした。

　　　Wussten (wörtl. Wissen) Sie, dass Frau Kimura ein Baby bekommen hat?

　　　…… Nein, das wusste ich nicht.

⑫ ミラーさんの 住所を 知って いますか。

　　　……いいえ、知りません。

　　　Kennen Sie die Adresse von Herrn Miller?

　　　…… Nein, ich kenne sie nicht.

Bei ⑪ hatte der Angesprochene die Information, dass das Baby geboren wurde, nicht, bis er gefragt wurde. Durch die Frage hat er diese Information erhalten und antwortet deshalb mit しりませんでした. しりません dagegen wird als Antwort bei ⑫ verwendet, weil der Angesprochene sowohl vor der Fragestellung als auch durch die Fragestellung keine Information erhalten hat.

## 6. 

```
V        } einfache Form
い-Adj    } einfache Form        のは N₂ です
な-Adj    } 
N₁       } ～だ→～な
```

Mit dieser Ausdrucksweise wird $N_2$ betont.

⑬ 初めて 会ったのは いつですか。

　　　……3年まえです。

　　　Wann war es, dass Sie sich zum ersten Mal begegnet sind?

　　　…… Vor drei Jahren.

Was der Sprecher bei ⑬ fragen möchte, ist, bezogen auf das erste Treffen, wann es stattgefunden hat.

Diese Satzstruktur wird oft benutzt, wenn man wie in ⑭ das korrigiert, was der Gesprächspartner gesagt hat.

⑭ バンコクで 生まれたんですか。

　　　……いいえ、生まれたのは チェンマイです。

　　　Sind Sie in Bangkok geboren?

　　　…… Nein, in Chiang Mai (wörtl. Nein, es ist Chiang Mai, wo ich geboren wurde).

Das Subjekt des Satzes vor ～のは wird nicht mit は, sondern mit が markiert.

⑮ 父が 生まれたのは 北海道の 小さな 村です。

　　　Mein Vater wurde in einer kleinen Stadt auf Hokkaidō geboren (wörtl. Es ist eine kleine Stadt auf Hokkaidō, in der mein Vater geboren wurde).

# Lektion 39

## I. Vokabular

| | | |
|---|---|---|
| こたえますⅡ<br>［しつもんに～］ | 答えます<br>［質問に～］ | [auf eine Frage] antworten |
| たおれますⅡ<br>［ビルが～］ | 倒れます | umfallen, [ein Gebäude] stürzt ein |
| とおりますⅠ<br>［みちを～］ | 通ります<br>［道を～］ | [durch die Straße] gehen/fahren, vorbeigehen/-fahren |
| しにますⅠ | 死にます | sterben |
| びっくりしますⅢ | | überrascht sein, sich erschrecken |
| がっかりしますⅢ | | enttäuscht sein |
| あんしんしますⅢ | 安心します | sich beruhigen, erleichtert sein |
| けんかしますⅢ | | streiten |
| りこんしますⅢ | 離婚します | sich scheiden lassen |
| ふとりますⅠ | 太ります | zunehmen, dick werden |
| やせますⅡ* | | abnehmen, schlank werden |
| ふくざつ［な］ | 複雑［な］ | kompliziert |
| じゃま［な］ | 邪魔［な］ | im Weg stehen, stören |
| かたい | 硬い | hart |
| やわらかい* | 軟らかい | weich |
| きたない | 汚い | schmutzig |
| うれしい | | sich freuen, glücklich |
| かなしい | 悲しい | traurig |
| はずかしい | 恥ずかしい | sich schämen, peinlich |
| しゅしょう | 首相 | Premierminister/-in, Kanzler/-in |
| じしん | 地震 | Erdbeben |
| つなみ | 津波 | Tsunami |
| たいふう | 台風 | Taifun |
| かみなり | 雷 | Donner, Gewitter, Blitz |
| かじ | 火事 | Feuer, Brand |
| じこ | 事故 | Unfall |
| ハイキング | | Wandern, Wanderung |
| ［お］みあい | ［お］見合い | vermitteltes Treffen zweier potentieller Heiratskandidaten |
| そうさ | 操作 | Bedienung, Handhabung（～します：bedienen, handhaben, benutzen） |
| かいじょう | 会場 | Veranstaltungsort |
| ～だい | ～代 | ～gebühren, ～kosten |
| ～や | ～屋 | ～er/-in |

| | | |
|---|---|---|
| フロント | | Rezeption |
| －ごうしつ | －号室 | Zimmernummer － |
| タオル | | Handtuch |
| せっけん | | Seife |
| おおぜい | 大勢 | viele Leute |
| おつかれさまでした。 | お疲れさまでした。 | Danke für die harte Arbeit! (Ausdruck der Dankbarkeit, der gegenüber Kollegen oder Untergeordneten verwendet wird) |
| うかがいます。 | 伺います。 | Ich komme zu Ihnen (bescheidene Entsprechung von いきます) |

〈会話〉

| | |
|---|---|
| 途中で | auf dem Weg, mittendrin, während |
| トラック | Lastwagen |
| ぶつかりますⅠ | stoßen, zusammenstoßen |

〈読み物〉

| | |
|---|---|
| 大人 | Erwachsene/-r |
| しかし | aber |
| また | außerdem, ferner, und |
| 洋服 | westliche Kleidung |
| 西洋化しますⅢ | verwestlichen, europäisieren |
| 合いますⅠ | passen |
| 今では | jetzt (anders als früher) |
| 成人式 | Volljährigkeitsfest |
| 伝統的[な] | traditionell |

## II. Übersetzungen

**Satzmuster**
1. Als ich die Nachricht gehört habe, war ich überrascht (wörtl. Ich habe die Nachricht gehört und war überrascht).
2. Wegen des Erdbebens ist das Gebäude eingestürzt.
3. Da ich mich körperlich nicht gut fühle, gehe ich zum Arzt (wörtl. ins Krankenhaus).

**Beispielsätze**
1. Wie war das *Omiai*?
   ······Als ich das Foto gesehen habe, dachte ich, er/sie ist eine tolle Person, aber als ich ihn/sie getroffen habe, war ich enttäuscht (wörtl. aber ich habe ihn/sie getroffen und war enttäuscht).
2. Am nächsten Samstag gehen wir alle zusammen wandern. Wollen Sie nicht mitgehen?
   ······Entschuldigung. Am nächsten Samstag ist es zeitlich ein bisschen ungünstig, daher kann ich nicht mitgehen.
3. Wie war der Film gestern?
   ······Die Geschichte war kompliziert, daher habe ich ihn nicht gut verstanden.
4. Entschuldigung, dass ich mich verspätet habe (wörtl. dass es spät geworden ist).
   ······Was war denn los?
   Wegen eines Unfalls hatte der Bus Verspätung.
5. Wollen wir nicht etwas trinken gehen?
   ······Es tut mir Leid. Da ich etwas zu erledigen habe, gehe ich schon vor Ihnen.
   Ach so. Vielen Dank für Ihre Arbeit!
6. In letzter Zeit schlafe ich auf einem Futon, das ist praktisch, nicht wahr?
   ······Was ist mit Ihrem Bett?
   Da mein Zimmer klein ist, und das Bett viel Platz einnimmt, habe ich es einem/einer Freund/-in gegeben.

**Dialog**

**Entschuldigung, dass ich mich verspätet habe**

Miller: Frau Nakamura, Entschuldigung, dass ich mich verspätet habe.
Sektionsleiterin Nakamura: Herr Miller, was war denn los?
Miller: Wissen Sie, es gab einen Unfall auf dem Weg zur Firma, daher hatte der Bus leider Verspätung.
Sektionsleiterin Nakamura: War es ein Busunfall?
Miller: Nein. Auf der Kreuzung sind ein LKW und ein Auto zusammengestoßen, und der Bus konnte nicht weiter fahren.
Sektionsleiterin Nakamura: Das war (bestimmt) schlimm, nicht wahr? Da wir keine Nachricht von Ihnen bekommen haben, haben sich alle Sorgen gemacht.
Miller: Ich wollte Sie anrufen, aber ich hatte mein Handy leider zu Hause liegen lassen... Es tut mir sehr Leid.
Sektionsleiterin Nakamura: In Ordnung. Also, dann fangen wir mit der Sitzung an!

# III. Zusatzvokabular & -informationen

## 気持ち　Gefühle

## IV. Grammatik

**1.** ~て(で)、~

In L. 16 und 34 haben Sie die Konstruktion ~て(で)、~ gelernt; jetzt lernen Sie den Gebrauch der Konstruktion, bei dem die erste Satzhälfte (der Satzteil mit ~て(で)) eine Ursache bzw. einen Grund ausdrückt und die zweite Hälfte das Resultat, das dadurch hervorgerufen wurde. In der zweiten Satzhälfte stehen Ausdrücke, die nichts mit einer Absicht oder einem Willen zu tun haben, sondern Zustände bezeichnen.

1)  V て -Form  
    V ない -Form なくて  
    い -Adj(~い) → ~くて  }、 ~  
    な -Adj[な] → で  

In der zweiten Satzhälfte kommen hauptsächlich folgende Arten von Ausdrücken vor.

(1) Verben und Adjektive, die Gefühle ausdrücken: びっくりします、あんしんします、こまります、さびしい、うれしい、ざんねん[な] etc.

① ニュースを 聞いて、びっくりしました。
   Als ich die Nachricht gehört habe, war ich überrascht.
② 家族に 会えなくて、寂しいです。
   Ich kann meine Familie nicht sehen, deshalb bin ich einsam.

(2) Verben bzw. Ausdrücke, die eine Fähigkeit oder einen Zustand ausdrücken:

③ 土曜日は 都合が 悪くて、行けません。
   Am Samstag ist es zeitlich ungünstig, deshalb kann ich nicht gehen.
④ 話が 複雑で、よく わかりませんでした。
   Die Geschichte war kompliziert, daher habe ich sie nicht gut verstanden.
⑤ 事故が あって、バスが 遅れて しまいました。
   Es gab einen Unfall, daher hatte der Bus leider Verspätung.
⑥ 授業に 遅れて、先生に しかられました。
   Ich bin zu spät zum Unterricht gekommen, deshalb hat der/die Lehrer/-in mit mir geschimpft.

[Anm.] Wenn man im hinteren Satzteil Ausdrücke benutzt, die eine Absicht/einen Willen beinhalten (Absicht, Befehl, Aufforderung, Bitte), wird ~から verwendet.

⑦ 危ないですから、機械に 触らないで ください。
   Da es gefährlich ist, fassen Sie die Maschine bitte nicht an.

×危なくて、機械に 触らないで ください。

2) N で

Das Nomen bezeichnet meistens ein Naturphänomen, einen Zwischenfall oder ein Ereignis, so z.B. じこ、じしん oder かじ.

⑧ 地震で ビルが 倒れました。　Durch das Erdbeben ist das Gebäude eingestürzt.
⑨ 病気で 会社を 休みました。　Wegen Krankheit bin ich der Firma ferngeblieben.

2. 
```
┌─────────────────────────────────────┐
│ V        ⎫ einfache Form  ⎫         │
│ い-Adj   ⎬ einfache Form  ⎬ ので、~ │
│ な-Adj   ⎭ ~だ→~な        ⎭         │
│ N                                   │
└─────────────────────────────────────┘
```

Wie ~から, das Sie in L. 9 gelernt haben, drückt auch ~ので eine Ursache bzw. einen Grund aus. Da ので ursprünglich die Eigenschaft hat, einen kausalen Zusammenhang (Ursache und Folge) auszudrücken und die Folge zu erläutern, die sich aus der Ursache ergeben hat, eignet es sich dazu, einen Grund oder eine Entschuldigung sanft auszudrücken, wenn man um Erlaubnis bittet.

⑩ 日本語が わからないので、英語で 話して いただけませんか。
   Ich verstehe kein Japanisch, könnten Sie deshalb bitte auf Englisch sprechen?

⑪ 用事が あるので、お先に 失礼します。
   Da ich etwas zu erledigen habe, ziehe ich mich schon (vorher) zurück.

3. 途中で

とちゅうで bedeutet „an einem Punkt, während man den Ort wechselt". Es wird mit V Wörterbuchform oder N の benutzt.

⑫ 実は 来る 途中で 事故が あって、バスが 遅れて しまったんです。
   Wissen Sie, es gab einen Unfall auf dem Weg (hierher), daher hatte der Bus leider Verspätung.

⑬ マラソンの 途中で 気分が 悪く なりました。
   Während des Marathonlaufs ist mir schlecht geworden.

# Lektion 40

## I. Vokabular

| | | |
|---|---|---|
| かぞえます II | 数えます | zählen, aufzählen |
| はかります I | 測ります、量ります | messen, (ab-) wiegen |
| たしかめます II | 確かめます | bestätigen, sich vergewissern |
| あいます I [サイズが～] | 合います | [die Größe] passt |
| しゅっぱつします III * | 出発します | abfahren, abreisen |
| とうちゃくします III | 到着します | ankommen |
| よいます I | 酔います | betrunken werden |
| うまく いきます I | | gut gehen, gut laufen |
| でます II [もんだいが～] | 出ます [問題が～] | [eine Aufgabe] kommt vor |
| そうだんします III | 相談します | besprechen, um Rat fragen |
| ひつよう[な] | 必要[な] | nötig |
| てんきよほう | 天気予報 | Wettervorhersage |
| ぼうねんかい | 忘年会 | Jahresabschlussfeier |
| しんねんかい * | 新年会 | Neujahrsfeier |
| にじかい | 二次会 | die zweite Runde einer Feier |
| はっぴょうかい | 発表会 | Präsentationsveranstaltung, Vorstellung, Vorführung |
| たいかい | 大会 | Wettbewerb, Treffen |
| マラソン | | Marathon |
| コンテスト | | Wettbewerb |
| おもて | 表 | Vorderseite |
| うら * | 裏 | Rückseite |
| まちがい | | Fehler |
| きず | 傷 | Wunde, Kratzer |
| ズボン | | Hose |
| [お]としより | [お]年寄り | alter Mensch, alte Menschen |
| ながさ * | 長さ | Länge |
| おもさ | 重さ | Gewicht |
| たかさ | 高さ | Höhe |
| おおきさ * | 大きさ | Größe |
| [－]びん | [－]便 | Flug, Flugnummer [－] |
| －こ * | －個 | (Zähleinheitssuffix für kleine Gegenstände) |
| －ほん （－ぽん、－ぼん） | －本 | (Zähleinheitssuffix für längliche Gegenstände) |

| | | |
|---|---|---|
| －はい<br>（－ぱい、－ばい）* | －杯 | － Tasse(n), － Glas/Gläser<br>(Zähleinheitssuffix für Getränke in Tassen, Gläsern etc.) |
| －センチ* | | － Zentimeter |
| －ミリ* | | － Millimeter |
| －グラム* | | － Gramm |
| 〜いじょう* | 〜以上 | nicht weniger als 〜, 〜 und mehr |
| 〜いか | 〜以下 | nicht mehr als 〜, 〜 und weniger |
| ※長崎(ながさき) | | Hauptstadt der Präfektur Nagasaki |
| ※仙台(せんだい) | | Hauptstadt der Präfektur Miyagi |
| ※JL | | Japan Airlines (jap. Fluggesellschaft) |
| ※七夕祭り(たなばたまつり) | | *Tanabata*-Fest, Sternenfest |
| ※東照宮(とうしょうぐう) | | Tōshō-Schrein (*Shintō*-Schrein, an dem Ieyasu Tokugawa verehrt wird) |

⟨会話(かいわ)⟩

| | |
|---|---|
| どうでしょうか。 | Wie ist es? (höfliche Entsprechung von どうですか) |
| テスト | Test |
| 成績(せいせき) | Note, Leistung |
| ところで | übrigens |
| いらっしゃいます I | kommen (ehrerbietige Entsprechung von きます) |
| 様子(ようす) | Zustand, Situation, Aussehen |

⟨読(よ)み物(もの)⟩

| | |
|---|---|
| 事件(じけん) | Zwischenfall |
| オートバイ | Motorrad |
| 爆弾(ばくだん) | Bombe |
| 積(つ)みます I | laden |
| 運転手(うんてんしゅ) | Fahrer/-in |
| 離(はな)れた | entfernt |
| 急(きゅう)に | plötzlich |
| 動(うご)かします I | starten, den Motor in Gang setzen |
| 一生懸命(いっしょうけんめい) | mit ganzer Kraft, nach Kräften |
| 犯人(はんにん) | Täter/-in |
| 男(おとこ) | Mann |
| 手(て)に入(い)れます II | (in die Hände) bekommen |
| 今(いま)でも | immer noch |

## II. Übersetzungen

**Satzmuster**

1. Schauen Sie bitte nach, um wie viel Uhr der Flug JL 107 ankommt.
2. Man weiß noch nicht, ob der Taifun Nr. 9 nach Tōkyō kommt.
3. Darf ich diese Kleidung (mal) anprobieren?

**Beispielsätze**

1. Wohin sind Sie für die zweite Runde (der Party/Feier) gegangen?
   ……Da ich betrunken war, erinnere ich mich gar nicht daran, wohin wir gegangen sind.
2. Wissen Sie, wie man die Höhe eines Bergs misst?
   ……Hm... Lassen Sie uns im Internet recherchieren!
3. Erinnern Sie sich daran, wann wir uns zum ersten Mal getroffen haben?
   ……Weil es lange her ist (wörtl. weil es ein Ereignis von früher ist), habe ich es leider schon vergessen.
4. Geben Sie bitte per E-Mail Antwort, ob Sie an der Jahresabschlussfeier teilnehmen können.
   ……Ja, in Ordnung (wörtl. ich habe verstanden).
5. Das sind die Unterlagen, die ich bei der Universität einreiche. Könnten Sie bitte schauen, ob auch keine Fehler darin sind (wörtl. ob es keine Fehler gibt)?
   ……Ja, klar.
6. Waren Sie schon mal in Nagasaki?
   ……Nein, ich war noch nie da. Ich möchte unbedingt mal hinfahren.

**Dialog**

### Ich mache mir Sorgen, ob er Freunde gefunden hat

| | |
|---|---|
| Klara: | Frau Itō, wie ist Hans in der Schule? |
| | Ich mache mir Sorgen, ob er Freunde gefunden hat... |
| Frau Itō: | Keine Sorge. |
| | Hans ist in der Klasse sehr beliebt. |
| Klara: | Ist er das? Das beruhigt mich. |
| | Wie ist es mit dem Lernen? Er sagt, dass die *Kanji* schwierig sind... |
| Frau Itō: | Wir machen jeden Tag einen *Kanji*-Test, und Hans hat immer gute Noten. |
| Klara: | Wirklich? Vielen Dank! |
| Frau Itō: | Übrigens, bald ist das Sportfest. Kommt Ihr Mann (wörtl. der Vater) auch? |
| Klara: | Ja. |
| Frau Itō: | Schauen Sie sich unbedingt einmal an, wie Hans in der Schule so ist. |
| Klara: | Ja, in Ordnung. Bitte kümmern Sie sich weiterhin um ihn! |

# III. Zusatzvokabular & -informationen

## 単位・線・形・模様 Einheiten, Linien, Formen & Muster

### 面積 Flächeninhalt
- cm² 平方センチメートル Quadratzentimeter
- m² 平方メートル Quadratmeter
- km² 平方キロメートル Quadratkilometer

### 長さ Länge
- mm ミリ[メートル] Millimeter
- cm センチ[メートル] Zentimeter
- m メートル Meter
- km キロ[メートル] Kilometer

### 体積・容積 Volumen und Rauminhalt
- cm³ 立方センチメートル Kubikzentimeter
- m³ 立方メートル Kubikmeter
- ml ミリリットル Milliliter
- cc シーシー Kubikzentimeter
- ℓ リットル Liter

### 重さ Gewicht
- mg ミリグラム Milligramm
- g グラム Gramm
- kg キロ[グラム] Kilogramm
- t トン Tonne

### 計算 Rechnen

1 + 2 − 3 × 4 ÷ 6 = 1
たす　ひく　かける　わる　は(イコール)
plus　minus　multiplizieren　dividieren　gleich

### 線 Linien
- 直線 gerade Linie
- 曲線 Bogen, Schlangenlinie
- 点線 punktierte Linie

### 形 Formen
- 円(丸) Kreis
- 三角[形] Dreieck
- 四角[形] Viereck

### 模様 Muster

縦じま
längsgestreift

横じま
quergestreift

チェック
kariert

水玉
Punktmuster, gepunktet

花柄
Blumenmuster

無地
uni, ohne Muster

40

## IV. Grammatik

**1.** 
$$\left.\begin{array}{l} \text{V} \\ \text{い -Adj} \\ \text{な -Adj} \\ \text{N} \end{array}\right\} \begin{array}{l} \text{einfache Form} \\ \text{einfache Form} \\ \sim \text{だ} \end{array} \Bigg\} \text{か、} \sim$$

Dieses Satzmuster wird verwendet, wenn ein Fragesatz mit Fragewort in einen Satz eingebettet wird.

① JL107便は 何時に 到着するか、調べて ください。
　　Schauen Sie bitte nach, um wie viel Uhr der Flug JL107 ankommt.
② 結婚の お祝いは 何が いいか、話して います。
　　Wir sprechen gerade darüber, was für ein Hochzeitsgeschenk gut ist.
③ わたしたちが 初めて 会ったのは いつか、覚えて いますか。
　　Erinnern Sie sich daran, wann wir uns zum ersten Mal getroffen haben?

Da Fragewörter Nomina sind, ergibt sich wie in ③ die Form Fragewort か.

**2.** 
$$\left.\begin{array}{l} \text{V} \\ \text{い -Adj} \\ \text{な -Adj} \\ \text{N} \end{array}\right\} \begin{array}{l} \text{einfache Form} \\ \text{einfache Form} \\ \sim \text{だ} \end{array} \Bigg\} \text{か どうか、} \sim$$

Wird ein Fragesatz ohne Fragewort in einen Satz eingebettet, dann wird dieses Satzmuster verwendet. Dabei muss darauf geachtet werden, dass nach „einfache Form か" どうか nötig ist.

④ 忘年会に 出席するか どうか、20日までに 返事を ください。
　　Geben Sie bitte bis zum 20. Antwort, ob Sie an der Jahresabschlussfeier teilnehmen.
⑤ その 話は ほんとうか どうか、わかりません。
　　Ich weiß nicht, ob diese Geschichte wahr ist.
⑥ まちがいが ないか どうか、調べて ください。
　　Überprüfen Sie bitte, ob auch keine Fehler darin sind (wörtl. ob es keine Fehler gibt).

In ⑥ heißt es nicht まちがいが あるか どうか, sondern まちがいが ないか どうか, weil der Sprecher den Umstand まちがいが ない bestätigt haben will.

3. V て-Form みます

Dieses Satzmuster drückt aus, dass man eine Handlung probeweise durchführt.

⑦ もう 一度 考えて みます。
　　Ich überlege es mir noch einmal.

⑧ この ズボンを はいて みても いいですか。
　　Darf ich diese Hose anprobieren?

⑨ 北海道へ 行って みたいです。
　　Ich möchte einmal nach Hokkaidō fahren.

Wie in ⑨ kann man, wenn man ～て みたい benutzt, seinen Wunsch zurückhaltender ausdrücken als mit ～たい alleine.

4. い-Adj(～い)→～さ

Ein い-Adjektiv kann man zu einem Nomen ableiten, indem man die Endung い durch さ ersetzt.

Bsp. 高い → 高さ　　長い → 長さ　　速い → 速さ

⑩ 山の 高さは どうやって 測るか、知って いますか。
　　Wissen Sie, wie man die Höhe eines Bergs misst?

⑪ 新しい 橋の 長さは 3,911 メートルです。
　　Die Länge der neuen Brücke beträgt 3.911 Meter.

5. ～でしょうか

Wenn man ～でしょう (L. 32) wie in ⑫ in einem Fragesatz benutzt, wird es zu einem Ausdruck, mit dem man keine klare Antwort verlangt, daher kann man damit dem Gesprächspartner einen milderen Eindruck vermitteln.

⑫ ハンスは 学校で どうでしょうか。
　　Wie ist Hans in der Schule?

# Lektion 41

## I. Vokabular

| | | |
|---|---|---|
| いただきます I | | erhalten, bekommen（bescheidene Entsprechung von もらいます） |
| くださいます I | | geben (ehrerbietige Entsprechung von くれます) |
| やります I | | geben (jüngeren Leuten, Untergeordneten, Tieren oder Pflanzen gegenüber) |
| あげます II | 上げます | erhöhen |
| さげます II * | 下げます | senken |
| しんせつに します III | 親切に します | (zu jmd.) freundlich sein |
| かわいい | | süß, niedlich |
| めずらしい | 珍しい | selten |
| おいわい | お祝い | Glückwunsch, Feier, Geschenk zur Gratulation（〜を します：feiern, schenken） |
| おとしだま | お年玉 | Geldgeschenk zu Neujahr |
| [お]みまい | [お]見舞い | Krankenbesuch, ein Geschenk für eine/-n Verletzte/-n oder Kranke/-n |
| きょうみ | 興味 | Interesse（[コンピューターに] 〜が あります：[an Computern] Interesse haben） |
| じょうほう | 情報 | Information |
| ぶんぽう | 文法 | Grammatik |
| はつおん | 発音 | Aussprache |
| さる | 猿 | Affe |
| えさ | | Futter |
| おもちゃ | | Spielzeug |
| えほん | 絵本 | Bilderbuch |
| えはがき | 絵はがき | Ansichtskarte |
| ドライバー | | Schraubenzieher |
| ハンカチ | | Taschentuch (aus Stoff) |
| くつした | 靴下 | Socke |
| てぶくろ | 手袋 | Handschuh |
| ようちえん | 幼稚園 | Kindergarten |
| だんぼう | 暖房 | Heizung |
| れいぼう * | 冷房 | Klimaanlage |

| | | |
|---|---|---|
| おんど | 温度 | Temperatur |
| そふ* | 祖父 | (mein) Großvater |
| そぼ | 祖母 | (meine) Großmutter |
| まご | 孫 | (mein/-e) Enkel/-in |
| おまごさん | お孫さん | Enkel/-in (einer anderen Person) |
| おじ* | | (mein) Onkel |
| おじさん* | | Onkel (einer anderen Person) |
| おば | | (meine) Tante |
| おばさん* | | Tante (einer anderen Person) |
| かんりにん | 管理人 | Hausmeister/-in, Verwalter/-in |
| ～さん | | (Suffix, das an Berufsbezeichnungen od. Posten angehängt wird, um Höflichkeit auszudrücken) |
| このあいだ | この間 | vor kurzem |

〈会話〉

| | |
|---|---|
| ひとこと | ein Wort, ein paar Worte |
| ～ずつ | jeweils ～ |
| 二人 (ふたり) | die Zwei |
| お宅 (たく) | Ihr Haus, Ihr Zuhause (ehrerbietige Entsprechung von うち oder いえ) |
| どうぞ お幸せに。 | Ich wünsche Ihnen alles Gute! |

〈読み物〉

| | |
|---|---|
| 昔話 (むかしばなし) | Märchen |
| ある ～ | ein (gewisser/s), eine (gewisse) ～ |
| 男 (おとこ) | Mann |
| 子どもたち | Kinder |
| いじめますⅡ | quälen, ärgern |
| かめ | Schildkröte |
| 助けますⅡ (たす) | retten, helfen |
| 優しい (やさ) | freundlich, lieb, nett |
| お姫様 (ひめさま) | Prinzessin |
| 暮らしますⅠ (く) | leben, das Leben führen |
| 陸 (りく) | Land, Festland |
| すると | (und) dann, und da |
| 煙 (けむり) | Rauch, Qualm |
| 真っ白[な] (ましろ) | schneeweiß |
| 中身 (なかみ) | Inhalt |
| ※浦島太郎 (うらしまたろう) | Name der Hauptperson eines Märchens |

## II. Übersetzungen

**Satzmuster**
1. Ich habe von Herrn Watt ein Buch bekommen.
2. Ich habe von meinem/meiner Lehrer/-in die Fehler bei den *Kanji* korrigiert bekommen.
3. Die Frau des Abteilungsleiters hat mir die Teezeremonie beigebracht.
4. Ich habe meinem Sohn ein Papierflugzeug gebastelt.

**Beispielsätze**
1. Das ist aber ein schöner Teller!
   ……Ja, den hat uns Herr/Frau Tanaka zur Hochzeitsfeier geschenkt.
2. Mama, darf ich den Affen Süßigkeiten geben?
   ……Nein. Da drüben steht doch, dass man ihnen kein Futter geben darf, oder nicht?
3. Sind Sie schon mal Sumo anschauen gegangen?
   ……Ja. Vor kurzem wurde ich vom/von der Abteilungsleiter/-in mitgenommen. Es war sehr interessant.
4. Wie war der Homestay in den Sommerferien?
   ……Er war schön. Alle von der Familie waren sehr freundlich zu mir.
5. Was machen Sie an den aufeinander folgenden Feiertagen?
   ……Ich gehe mit meinen Kindern zum Disneyland (wörtl. Ich nehme meine Kinder mit zum Disneyland).
6. Ich weiß nicht genau, wie man den neuen Kopierer benutzt. Könnten Sie es mir bitte kurz zeigen?
   ……Ja, selbstverständlich.

**Dialog**

### Herzlichen Glückwunsch zur Hochzeit!

| | |
|---|---|
| Rektor: | Herr Watt, Izumi, herzlichen Glückwunsch zur Hochzeit! Prost! |
| Alle: | Prost! |
| | ………………………………………………………………… |
| Moderatorin: | Als Nächstes möchte ich alle hier um ein paar Worte bitten. |
| Matsumoto, Yoshiko: | Ich habe letztes Jahr im Sommerkurs von Herrn Watt Englisch beigebracht bekommen. Der Unterricht von Herrn Watt war sehr lustig und hat Spaß gemacht. Und wissen Sie, Izumi war auch in dem Kurs. |
| Universitätsangestellte: | Ich habe von Herrn Watt das Buch „Methoden, wie man gut ordnet" geschenkt bekommen. Herr Watt kann sehr gut ordnen, und sein Büro ist immer ordentlich. Ich denke, dass das Haus der beiden auch toll sein wird. |
| Miller: | Herr Watt, könnten Sie bitte als Nächstes ein Buch schreiben mit dem Titel „Methoden, wie man einen tollen Menschen heiratet"? Ich möchte es unbedingt lesen und daraus etwas lernen. Alles Gute wünsche ich Ihnen! |

## III. Zusatzvokabular & -informationen

便利情報 (べんりじょうほう)　Nützliche Informationen

---

貸衣装(かしいしょう)の「みんなの晴(は)れ着(ぎ)」
Kostümverleih „Festkleidung für alle"

何(なん)でもそろいます！！　　新作(しんさく)がいっぱい！！
Sie finden für jeden Anlass das Passende!　Viele neuen Kollektionen!

☎ 03-3812-556×

七五三(しちごさん)　Festtag für drei-, fünf- und siebenjährige Kinder
卒業式(そつぎょうしき)　Abschlussfeier
成人式(せいじんしき)　Volljährigkeitsfeier
結婚式(けっこんしき)　Hochzeit

---

泊(と)まりませんか
Wollen Sie nicht bei uns übernachten?

民宿(みんしゅく) 三浦(みうら)
Gasthaust MIURA

安(やす)い、親切(しんせつ)、家庭的(かていてき)な宿(やど)
Günstige, freundliche Unterkunft in familiärer Atmosphäre.

☎ 0585-214-1234

---

公民館(こうみんかん)からのお知(し)らせ　Informationen vom Gemeindehaus

月曜日(げつようび)　Mo.　日本料理講習会(にほんりょうりこうしゅうかい)　Kurs für japanische Küche
火曜日(かようび)　Di.　生(い)け花(ばな)スクール　Ikebana (Blumenarrangement)-Kurs
水曜日(すいようび)　Mi.　日本語教室(にほんごきょうしつ)　Japanischkurs

＊毎月第3日曜日(まいつきだい にちようび)　jeder dritte So. im Monat　バザー　Basar

☎ 0798-72-251×

---

レンタルサービス
Leihservice

何(なん)でも貸(か)します！！
Wir verleihen alles!

・カラオケ　　　　Karaokegeräte
・ビデオカメラ　　Videokameras
・携帯電話(けいたいでんわ)　Handys
・ベビー用品(ようひん)　Babywaren
・レジャー用品(ようひん)　Freizeitartikel
・旅行用品(りょこうようひん)　Reiseartikel

☎ 0741-41-5151

---

便利屋(べんりや)　Geschäft für alle Gelegenheiten

☎ 0343-885-8854

何(なん)でもします！！
Wir machen alles!

☆家(いえ)の修理(しゅうり)、掃除(そうじ)
　Hausreparaturen, Hausreinigung
☆赤(あか)ちゃん、子(こ)どもの世話(せわ)
　Baby- und Kinderbetreuung
☆犬(いぬ)の散歩(さんぽ)
　Hund ausführen
☆話(はな)し相手(あいて)
　als Gesprächspartner/-in Gesellschaft leisten

---

お寺(てら)で体験(たいけん)できます
Sie können folgende Erfahrungen in unserem Tempel machen.

禅(ぜん)ができます　Sie können Zen-Meditation machen.

精進料理(しょうじんりょうり)が食(た)べられます
Sie können vegetarische Kost essen.

金銀寺(きんぎんじ)　☎ 0562-231-2010

## IV. Grammatik

### 1. Ausdrücke für das Geben und Bekommen

In L. 7 und 24 haben Sie Ausdrücke für das Geben und Bekommen von Gegenständen und Handlungen gelernt. In dieser Lektion lernen Sie weitere Ausdrücke für das Geben und Bekommen, die die Beziehung zwischen Geber und Empfänger reflektieren.

1) N₁(Person)に N₂を いただきます

Wenn der Sprecher von einer höher gestellten Person (N₁) etwas (N₂) erhält, wird nicht もらいます, sondern いただきます verwendet.

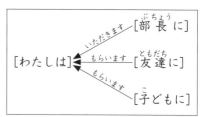

① わたしは 社長に お土産を いただきました。
Ich habe vom/von der Firmenchef/-in ein Souvenir bekommen.

2) [わたしに] Nを くださいます

Wenn eine höher gestellte Person dem Sprecher etwas gibt, wird nicht くれます, sondern くださいます benutzt.

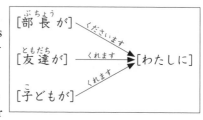

② 社長が わたしに お土産を くださいました。
Der/Die Firmenchef/-in hat mir ein Souvenir gegeben.

[Anm.] いただきます und くださいます werden auch benutzt, wenn der Empfänger ein Familienmitglied des Sprechers ist.

③ 娘は 部長に お土産を いただきました。
Meine Tochter hat vom/von der Abteilungsleiter/-in ein Souvenir bekommen.

④ 部長が 娘に お土産を くださいました。
Der/Die Abteilungsleiter/-in hat meiner Tochter ein Souvenir gegeben.

3) N₁に N₂を やります

Wenn der Sprecher einer niedriger gestellten Person, einem Tier oder einer Pflanze (N₁) etwas (N₂) gibt, wird grundsätzlich やります verwendet. Allerdings gibt es in letzter Zeit viele Leute, die stattdessen あげます benutzen, weil es der höflichere Ausdruck ist.

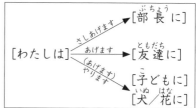

⑤ わたしは 息子に お菓子を やりました（あげました）。
Ich habe meinem Sohn Süßigkeiten gegeben.

⑥ わたしは 犬に えさを やりました。
Ich habe dem Hund Futter gegeben.

## 2. Das Geben und Bekommen von Handlungen

Wenn das Geben und Bekommen von Handlungen ausgedrückt wird, werden auch いただきます, くださいます und やります verwendet. Im Folgenden werden hierfür Beispiele gegeben.

1) ┃V て -Form いただきます┃

   ⑦ わたしは 課長に 手紙の まちがいを 直して いただきました。
   
   Ich habe vom/von der Sektionsleiter/-in die Fehler in meinem Brief korrigiert bekommen.

2) ┃V て -Form くださいます┃

   ⑧ 部長の 奥さんが [わたしに] お茶を 教えて くださいました。
   
   Die Frau des Abteilungsleiters hat mir die Teezeremonie beigebracht.
   
   ⑨ 部長が [わたしを] 駅まで 送って くださいました。
   
   Der/Die Abteilungsleiter/-in hat mich bis zum Bahnhof gebracht.
   
   ⑩ 部長が [わたしの] レポートを 直して くださいました。
   
   Der/Die Abteilungsleiter/-in hat meinen Bericht korrigiert.

3) ┃V て -Form やります┃

   ⑪ わたしは 息子に 紙飛行機を 作って やりました (あげました)。
   
   Ich habe für meinen Sohn ein Papierflugzeug gebastelt.
   
   ⑫ わたしは 犬を 散歩に 連れて 行って やりました。
   
   Ich bin mit dem Hund spazieren gegangen (wörtl. Ich habe den Hund zum Spaziergang mitgenommen).
   
   ⑬ わたしは 娘の 宿題を 見て やりました (あげました)。
   
   Ich habe mir die Hausaufgaben meiner Tochter angesehen.

## 3. ┃V て -Form くださいませんか┃

Im Vergleich zu 〜て ください ist diese Konstruktion höflicher. Allerdings ist sie nicht so höflich wie 〜て いただけませんか, das Sie in L. 26 gelernt haben.

⑭ コピー機の 使い方を 教えて くださいませんか。

Können Sie mir bitte zeigen, wie man diesen Kopierer benutzt?

⑮ コピー機の 使い方を 教えて いただけませんか。

Könnten Sie mir bitte zeigen, wie man diesen Kopierer benutzt? (L. 26)

## 4. ┃N に V┃

Die Partikel に, wie sie in den folgenden Beispielen benutzt wird, drückt die Bedeutung „als Zeichen für 〜" oder „zur Erinnerung an 〜" aus.

⑯ 田中さんが 結婚祝いに この お皿を くださいました。

Herr/Frau Tanaka hat uns den Teller hier zur Hochzeitsfeier geschenkt.

⑰ 北海道旅行の お土産に 人形を 買いました。

Ich habe als Souvenir von der Hokkaidō-Reise eine Puppe gekauft.

# Lektion 42

## I. Vokabular

| | | |
|---|---|---|
| つつみます I | 包みます | einpacken, einwickeln |
| わかします I | 沸かします | (Wasser) kochen |
| まぜます II | 混ぜます | mischen |
| けいさんします III | 計算します | rechnen |
| ならびます I | 並びます | sich nebeneinander stellen, sich in eine Reihe stellen, sich anstellen |
| | | |
| じょうぶ[な] | 丈夫[な] | stabil |
| | | |
| アパート | | (Miet-) Wohnung |
| | | |
| べんごし | 弁護士 | Rechtsanwalt/Rechtsanwältin |
| おんがくか | 音楽家 | Musiker/-in |
| こどもたち | 子どもたち | Kinder |
| | | |
| しぜん | 自然 | Natur |
| きょういく | 教育 | Erziehung, Ausbildung |
| ぶんか | 文化 | Kultur |
| しゃかい | 社会 | Gesellschaft |
| せいじ | 政治 | Politik |
| ほうりつ | 法律 | Gesetz, Recht |
| | | |
| せんそう* | 戦争 | Krieg |
| へいわ | 平和 | Frieden |
| | | |
| もくてき | 目的 | Zweck, Ziel |
| ろんぶん | 論文 | Abhandlung, wissenschaftliche Arbeit (z.B. Dissertation) |
| | | |
| たのしみ | 楽しみ | Freude |
| | | |
| ミキサー | | Mixer |
| やかん | | Kessel |
| ふた | | Deckel |
| せんぬき | 栓抜き | Flaschenöffner, Korkenzieher |
| かんきり | 缶切り | Dosenöffner |
| かんづめ | 缶詰 | Dose, Konserve |
| のしぶくろ | のし袋 | Umschlag für Geldgeschenke |
| ふろしき | | *Furoshiki* (Einwickeltuch zum Tragen) |
| そろばん | | Abakus |
| たいおんけい | 体温計 | Fieberthermometer |
| ざいりょう | 材料 | Zutaten, Material |
| | | |
| ある ～ | | ein (gewisser/s), eine (gewisse) ～ |

| | | |
|---|---|---|
| いっしょうけんめい | 一生懸命 | mit ganzer Kraft, nach Kräften, fleißig |
| なぜ | | warum |
| どのくらい | | wie viel |
| ※国連 (こくれん) | | die Vereinten Nationen, die UNO |
| ※エリーゼの ために | | Für Elise |
| ※ベートーベン | | Ludwig van Beethoven, deutscher Komponist（1770-1827） |
| ※こどもニュース | | fiktive Nachrichtensendung |

〈会話 (かいわ)〉

| | |
|---|---|
| 出ますⅡ［ボーナスが～］ | [Bonus/Zuwendung] wird ausgezahlt |
| 半分 (はんぶん) | die Hälfte |
| ローン | Rate, Anleihe |

〈読み物 (よみもの)〉

| | |
|---|---|
| カップめん | Cup-Nudeln, Instant-Nudelsuppe im Wegwerfbecher |
| 世界初 (せかいはつ) | welterste/-r |
| ～に よって | von ～ (erfunden) |
| どんぶり | Schüssel aus Keramik (wie eine große Reisschale) |
| めん | Nudeln |
| 広めますⅡ (ひろ) | verbreiten |
| 市場調査 (しじょうちょうさ) | Marktforschung |
| 割りますⅠ (わ) | zerbrechen, teilen |
| 注ぎますⅠ (そそ) | gießen |
| ※チキンラーメン | Markenname einer Instant-Nudelsuppe |
| ※安藤百福 (あんどうももふく) | jap. Unternehmer und Erfinder（1910-2007） |

## II. Übersetzungen

**Satzmuster**
1. Ich spare, um in Zukunft mein eigenes Geschäft zu besitzen.
2. Diese Schuhe sind gut dafür, in den Bergen zu wandern.

**Beispielsätze**
1. Ich übe jeden Tag, um an dem *Bon*-Tanz teilzunehmen.
   ……Ach ja? Sie freuen sich bestimmt darauf, nicht wahr?
2. Warum steigen Sie alleine auf Berge?
   ……Ich gehe auf Berge, um alleine zu sein und nachzudenken.
3. Machen Sie etwas für Ihre Gesundheit?
   ……Nein. Aber ich habe vor, ab nächster Woche jeden Morgen zu laufen.
4. Das ist aber ein schönes Musikstück!
   ……Das ist „Für Elise". Es ist ein Stück, das Beethoven für eine Frau komponiert hat.
5. Wozu benutzt man das hier?
   ……Man benutzt es, um Weine aufzumachen.
6. Haben Sie eine gute Tasche für eine zwei- bis dreitätige Geschäftsreise?
   ……Wie finden Sie diese hier? Ein PC passt auch hinein, sie ist praktisch.
7. Wie viele Jahre hat es gedauert, diese Brücke zu bauen?
   ……12 Jahre hat es gedauert.

**Dialog**

### Wofür benutzen Sie Ihren Bonus?

Suzuki: Frau Hayashi, wann bekommen Sie Ihren Bonus?
Hayashi: Nächste Woche. Und bei Ihnen in der Firma, Herr Suzuki?
Suzuki: Morgen. Ich freue mich schon darauf. Sie sich auch, oder?
Hayashi: Ja. Herr Suzuki, wofür benutzen Sie Ihren Bonus?
Suzuki: Zuerst kaufe ich mir ein neues Fahrrad, dann mache ich eine Reise…
Ogawa: Sparen Sie nicht?
Suzuki: Daran habe ich noch nicht so oft gedacht.
Hayashi: Ich habe vor, die Hälfte vom Bonus zu sparen.
Suzuki: Wie bitte? Die Hälfte sparen Sie?
Hayashi: Ja. Ich habe vor, irgendwann nach England zu fahren, um dort zu studieren.
Ogawa: Oh, ehrlich? Unverheiratete Leute haben es gut. Sie können alles für sich selber benutzen. Wenn ich die Raten für unser Haus gezahlt und für die Ausbildung meiner Kinder gespart habe, dann bleibt kaum noch Geld übrig.

# III. Zusatzvokabular & -informationen

## 事務用品・道具　Bürobedarf & Werkzeug

| とじる<br>tackern, zusammenheften | 挟む／とじる<br>(zusammen-) heften | 留める<br>befestigen, festmachen | 切る<br>schneiden | |
|---|---|---|---|---|
| ホッチキス<br>Tacker | クリップ<br>Büroklammer, Klammer | 画びょう<br>Reißzwecke | カッター<br>Teppichmesser | はさみ<br>Schere |
| はる<br>kleben, aufkleben | | 削る<br>anspitzen | ファイルする<br>einheften, ablegen | |
| セロテープ<br>Tesafilm | ガムテープ<br>(Paket-) Klebeband | のり<br>Kleber | 鉛筆削り<br>Bleistiftspitzer, Anspitzer | ファイル<br>Ordner, Aktenmappe |
| 消す<br>wegradieren, löschen | ［穴を］開ける<br>[lochen] | 計算する<br>rechnen | ［線を］引く／測る<br>[eine Linie] ziehen/messen | |
| 消しゴム　修正液<br>Radiergummi　Korrekturmittel | パンチ<br>Locher | 電卓<br>Taschenrechner | 定規（物差し）<br>Lineal | |
| 切る<br>sägen | ［くぎを］打つ<br>[einen Nagel] einschlagen | 挟む／曲げる／切る<br>kneifen, klemmen/biegen/schneiden | ［ねじを］締める／緩める<br>[eine Schraube] anziehen/lockern, lösen | |
| のこぎり<br>Säge | 金づち<br>Hammer | ペンチ<br>Zange | ドライバー<br>Schraubenzieher | |

## IV. Grammatik

**1.** | V Wörterbuchform |   ～, um zu V
     | Nの              | } ために、～   für N/N zugunsten/N zuliebe

ために drückt ein Ziel aus. Nの ために wird auch im Sinne von „zum Vorteil von N" verwendet (④).

① 自分の 店を 持つ ために、貯金して います。
　 Ich spare, um mein eigenes Geschäft zu besitzen.
② 引っ越しの ために、車を 借ります。
　 Ich leihe mir für den Umzug ein Auto aus.
③ 健康の ために、毎朝 走って います。
　 Für meine Gesundheit laufe ich jeden Morgen.
④ 家族の ために、うちを 建てます。
　 Ich baue für meine Familie ein Haus.

[Anm. 1] Ein ähnlicher Ausdruck ist ～ように, das Sie in L. 36 gelernt haben. Während jedoch vor ために die Wörterbuchform von Verben verwendet wird, die eine Absicht bzw. einen Willen ausdrücken, wird vor ように die Wörterbuchform von Verben, die keine Absicht/keinen Willen ausdrücken, sowie die Verneinung von Verben verwendet.

Wenn wir die folgenden zwei Sätze vergleichen, impliziert ①, dass man beabsichtigt, einen eigenen Laden zu besitzen, und für dieses Ziel spart, während ⑤ beinhaltet, dass man mit dem Ziel spart, letztendlich den Zustand zu erreichen, dass man einen eigenen Laden besitzen kann.

① 自分の 店を 持つ ために、貯金して います。
　 Ich spare, um mein eigenes Geschäft zu besitzen.
⑤ 自分の 店が 持てるように、貯金して います。
　 Ich spare, damit ich mein eigenes Geschäft besitzen kann.

[Anm. 2] なります kann eine Absicht/einen Willen oder keine Absicht/keinen Willen implizieren.

⑥ 弁護士に なる ために、法律を 勉強して います。
　 Ich studiere Jura, um Rechtsanwalt/Rechtsanwältin zu werden.
⑦ 日本語が 上手に なるように、毎日 勉強して います。
　 Ich lerne jeden Tag, damit mein Japanisch besser wird. (L. 36)

## 2. V Wörterbuchform の / N に～

Dieses Satzmuster wird mit つかいます, いいです, べんりです, やくに たちます, [じかん]が かかります etc. verwendet und dafür benutzt, eine Verwendungsmöglichkeit oder einen Zweck auszudrücken.

⑧ この はさみは 花を 切るのに 使います。
　　Diese Schere hier benutzt man, um Blumen zu schneiden.

⑨ この かばんは 大きくて、旅行に 便利です。
　　Diese Tasche ist groß und damit praktisch für die Reise.

⑩ 電話番号を 調べるのに 時間が かかりました。
　　Es hat Zeit gekostet, die Telefonnummer nachzuschauen.

## 3. Zahlwort は／も

Wenn die Partikel は nach einem Zahlwort steht, bezeichnet sie das Minimum, das der Sprecher annimmt. Wenn die Partikel も hinter ein Zahlwort gestellt wird, drückt sie aus, dass der Sprecher diese Zahl oder Menge als viel oder hoch empfindet.

⑪ わたしは [ボーナスの] 半分は 貯金する つもりです。
　　……えっ、半分も 貯金するんですか。
　　Ich habe vor, (zumindest) die Hälfte [des Bonus] zu sparen.
　　…… Wie? Die Hälfte sparen Sie?

## 4. ～に よって

Wenn Verben, die Schöpfungen oder Entdeckungen beschreiben (z.B. かきます, はつめいします, はっけんします), im Passiv verwendet werden, wird der Handelnde nicht mit に, sondern mit に よって markiert.

⑫ チキンラーメンは 1958年に 安藤百福さんに よって 発明されました。
　　Die Chicken Rāmen (Instant-Hühnernudelsuppe) wurde 1958 von Momofuku Andō erfunden.

# Lektion 43

## I. Vokabular

| | | |
|---|---|---|
| ふえますⅡ<br>［ゆしゅつが〜］ | 増えます<br>［輸出が〜］ | zunehmen, [Export] wird mehr |
| へりますⅠ<br>［ゆしゅつが〜］ | 減ります<br>［輸出が〜］ | [Export] wird weniger |
| あがりますⅠ<br>［ねだんが〜］ | 上がります<br>［値段が〜］ | [die Preise] steigen |
| さがりますⅠ*<br>［ねだんが〜］ | 下がります<br>［値段が〜］ | [die Preise] sinken |
| きれますⅡ<br>［ひもが〜］ | 切れます | [die Schnur] reißt |
| とれますⅡ<br>［ボタンが〜］ | | [der Knopf] geht ab |
| おちますⅡ<br>［にもつが〜］ | 落ちます<br>［荷物が〜］ | [das Gepäck] fällt herunter |
| なくなりますⅠ<br>［ガソリンが〜］ | | ausgehen, verloren gehen, [das Benzin] geht aus |
| へん［な］ | 変［な］ | komisch, merkwürdig, seltsam |
| しあわせ［な］ | 幸せ［な］ | glücklich |
| らく［な］ | 楽［な］ | leicht, einfach, bequem |
| うまい* | | lecker, schmecken |
| まずい | | nicht lecker, nicht schmecken |
| つまらない | | langweilig, unbedeutend |
| やさしい | 優しい | freundlich, lieb, nett |
| ガソリン | | Benzin |
| ひ | 火 | Feuer |
| パンフレット | | Broschüre |
| いまにも | 今にも | jeden Augenblick |
| わあ | | Oh!, Uah! |

〈読み物〉
ばら　　　　　　　　　　　　Rose
ドライブ　　　　　　　　　　Autofahrt, Spazierfahrt
理由（りゆう）　　　　　　　Grund
謝（あやま）りますⅠ　　　　sich entschuldigen
知（し）り合（あ）いますⅠ　kennen lernen

## II. Übersetzungen

**Satzmuster**
1. Es sieht so aus, als ob es jeden Augenblick regnen wird.
2. Ich gehe kurz mal ein Ticket kaufen (und komme zurück).

**Beispielsätze**
1. Der Knopf an Ihrer Jacke ist fast ab (wörtl. Es sieht so aus, als ob der Knopf an Ihrer Jacke abgehen wird).
   ……Oh, wirklich. Vielen Dank.
2. Es ist wärmer geworden, nicht wahr?
   ……Ja, es sieht so aus, als ob die Kirschblüten bald blühen werden.
3. Das (hier) ist ein deutscher Apfelkuchen. Bitte schön.
   ……Oh, der sieht aber lecker aus. Vielen Dank.
4. Dieser Nebenjob hört sich gut an. Das Gehalt ist gut, und die Arbeit scheint auch einfach zu sein.
   ……Aber es ist von 12 Uhr nachts bis 6 Uhr morgens!
5. Es fehlen Materialien.
   ……Wie viele? Ich werde sofort kopieren gehen (und zurückkommen).
6. Ich gehe kurz mal aus (und komme zurück).
   ……Um wie viel Uhr kommen Sie ungefähr zurück?
   Ich habe vor, bis 4 Uhr zurückzukommen.

**Dialog**

### Es sieht so aus, dass es ihm jeden Tag Spaß macht

Hayashi: Wer ist auf diesem Foto?
Schmidt: Mein Sohn, Hans. Es ist ein Foto, das ich beim Sportfest gemacht habe.
Hayashi: Er sieht fit und munter aus.
Schmidt: Ja. Er kann schnell laufen!
Er hat sich auch an die japanische Grundschule gewöhnt und Freunde gefunden, es sieht so aus, dass es ihm jeden Tag Spaß macht.
Hayashi: Wie schön!
Ist das hier Ihre Frau? Sie ist aber hübsch!
Schmidt: Vielen Dank.
Meine Frau ist vielseitig interessiert, und es ist lustig, wenn ich mit ihr zusammen bin.
Hayashi: Ach ja?
Schmidt: Vor allem mag sie Geschichte, und wenn sie Zeit hat, läuft sie durch alte Städte.

## III. Zusatzvokabular & -informationen

### 性格 (せいかく)・性質 (せいしつ)　Charakter & Natur

|  |  |
|---|---|
| 明(あか)るい | heiter, fröhlich |
| 暗(くら)い | düster |
| 優(やさ)しい | freundlich, lieb, nett |
| おとなしい | artig, brav, ruhig |
| 冷(つめ)たい | kalt |
| 厳(きび)しい | streng |
| 気(き)が長(なが)い | langmütig, geduldig |
| 気(き)が短(みじか)い | ungeduldig, jähzornig |
| 気(き)が強(つよ)い | sich nichts gefallen lassen/ wissen, was man will |
| 気(き)が弱(よわ)い | zaghaft, unsicher, ängstlich |
| 活発(かっぱつ)[な] | lebhaft, aktiv |
| 誠実(せいじつ)[な] | ehrlich und gewissenhaft, aufrichtig |
| わがまま[な] | eigenwillig, egoistisch, verwöhnt |
| まじめ[な] | ernst und fleißig, seriös, ernsthaft |
| ふまじめ[な] | nicht ernsthaft, leichtfertig |
| 頑固(がんこ)[な] | dickköpfig, eigensinnig |
| 素直(すなお)[な] | gehorsam, folgsam, unkompliziert |
| 意地悪(いじわる)[な] | gemein, boshaft |
| 勝(か)ち気(き)[な] | willensstark, unbeugsam |
| 神経質(しんけいしつ)[な] | empfindlich, nervös |

43

## IV. Grammatik

**1.** ～そうです   Es sieht so aus, dass .../Es sieht so aus, als ob ...

1) V ます -Form そうです

Dieses Satzmuster drückt das Anzeichen aus, dass die Bewegung oder Veränderung, die vom Verb ausgedrückt wird, sich ereignen wird. Es kann zusammen mit Adverbien wie いまにも, もうすぐ oder これから benutzt werden, die den Zeitpunkt der Bewegung bzw. Veränderung benennen.

① 今にも 雨が 降りそうです。
   Es sieht so aus, als ob es jeden Augenblick regnen wird.
② もうすぐ 桜が 咲きそうです。
   Es sieht so aus, als ob die Kirschblüten bald blühen werden.
③ これから 寒く なりそうです。
   Es sieht so aus, als ob es von nun an kalt/kälter wird.

2) い -Adj(～い)  
   な -Adj[な]  } そうです

Mit diesem Ausdruck sagt man, dass man anhand des äußeren Anscheins Dinge über die Eigenschaften von etwas vermutet, auch wenn man keine tatsächliche Bestätigung hat.

④ この 料理は 辛そうです。      Dieses Gericht sieht scharf aus.
⑤ 彼女は 頭が よさそうです。    Sie sieht klug aus.
⑥ この 机は 丈夫そうです。      Der Tisch hier sieht stabil aus.

[Anm.] Wenn man Gefühle anderer Leute ausdrücken möchte, kann man Adjektive, die Gefühle bezeichnen (うれしい, かなしい, さびしい etc.) nicht einfach so benutzen. Man schließt そうです an diese Adjektive an und drückt die Gefühle so aus, wie man sie dem Anschein nach vermutet.

⑦ うれしそうですね。
   ……ええ、実は きのう 結婚を 申し込まれたんです。
   Sie sehen aber glücklich aus!
   …… Ja, wissen Sie, mir wurde gestern ein Heiratsantrag gemacht.

**2.** V て -Form 来ます

1) V て -Form きます drückt aus, dass man irgendwohin geht, dort eine Handlung erledigt und wieder zurückkommt.

⑧ ちょっと たばこを 買って 来ます。
   Ich gehe kurz mal Zigaretten kaufen (und komme zurück).

⑧ drückt drei Handlungen aus, nämlich:（1）man geht zu dem Ort, an dem Zigaretten verkauft werden,（2）kauft dort Zigaretten und（3）kommt zum Ausgangspunkt zurück.

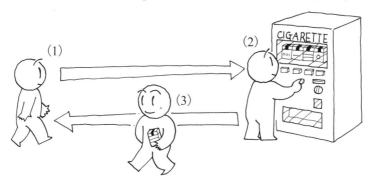

Der Ort, an dem die Handlung stattfindet, die durch V て -Form ausgedrückt wird, wird wie in ⑨ mit で gekennzeichnet; wenn man den Ort jedoch wie in ⑩ als Ursprungsort des Gegenstands sieht, der mit を markiert ist (der Ausgangspunkt, von dem der Gegenstand kommt), benutzt man から. Zu den Verben, bei denen から verwendet wird, gehören neben とって きます z.B. もって きます oder はこんで きます.

⑨ スーパーで 牛乳を 買って 来ます。

Ich gehe mal kurz in den Supermarkt und kaufe Milch (und komme zurück).

⑩ 台所から コップを 取って 来ます。

Ich hole mal kurz aus der Küche ein Glas (und komme zurück).

2) N(Ort)へ 行って 来ます

Indem man vor きます die て -Form des Verbs いきます benutzt, drückt man aus, dass man irgendwohin geht und wieder zurückkommt. Diese Konstruktion wird verwendet, wenn man die Handlung, die an dem Ort ausgeführt wird, nicht besonders erwähnt.

⑪ 郵便局へ 行って 来ます。

Ich gehe mal kurz zum Postamt (und komme zurück).

3) 出かけて 来ます

Indem man vor きます die て -Form des Verbs でかけます verwendet, sagt man, dass man irgendwohin geht und zurückkommt. Diese Konstruktion wird benutzt, wenn man weder den Ort noch den Zweck besonders erwähnt.

⑫ ちょっと 出かけて 来ます。

Ich gehe kurz mal aus (und komme zurück).

**3.** ⟨V て -Form くれませんか⟩ Können Sie ...?

Diese Bitte ist höflicher als ～て ください, aber nicht so höflich wie ～て いただけませんか (L. 26) oder ～て くださいませんか (L. 41). Sie ist dafür geeignet, gegenüber gleichrangigen oder niedriger gestellten Personen benutzt zu werden.

⑬ コンビニへ 行って 来ます。

……じゃ、お弁当を 買って 来て くれませんか。

Ich gehe mal kurz zum *convenience store* (und komme zurück).

…… Können Sie mir dann ein *Bentō* (kaufen und) mitbringen?

# Lektion 44

## I. Vokabular

| | | |
|---|---|---|
| なきます I | 泣きます | weinen |
| わらいます I | 笑います | lachen |
| ねむります I | 眠ります | schlafen |
| かわきます I [シャツが～] | 乾きます | [das Hemd] trocknet |
| ぬれます II* [シャツが～] | | [das Hemd] wird nass |
| すべります I | 滑ります | ausrutschen |
| おきます II [じこが～] | 起きます [事故が～] | [ein Unfall] passiert |
| ちょうせつします III | 調節します | einstellen, regulieren |
| あんぜん[な] | 安全[な] | sicher |
| きけん[な]* | 危険[な] | gefährlich |
| こい | 濃い | stark (Geschmack), dunkel (Farbton) |
| うすい | 薄い | dünn, leicht（Geschmack）, hell（Farbton）, dünn（für Gegenstände wie Buch, Papier, Pulli etc.） |
| あつい | 厚い | dick（für Gegenstände wie Buch, Papier, Pulli etc.） |
| ふとい | 太い | dick |
| ほそい* | 細い | dünn, schmal |
| くうき | 空気 | Luft |
| なみだ | 涙 | Träne |
| わしょく | 和食 | japanisches Essen |
| ようしょく | 洋食 | westliches Essen |
| おかず* | | Beilage（zur Reismahlzeit） |
| りょう | 量 | Menge |
| －ばい | －倍 | －fach |
| シングル | | Einzelzimmer |
| ツイン | | Doppelzimmer |
| せんたくもの | 洗濯物 | Wäsche |
| DVD | | DVD |
| ※ホテルひろしま | | fiktives Hotel |

〈会話〉
| | |
|---|---|
| どう なさいますか。 | Welche Frisur hätten Sie gern?/Was kann ich für Sie tun? |
| カット | Schneiden |
| シャンプー | Shampoo（〜を します：mit Shampoo die Haare waschen） |
| どういうふうに なさいますか。 | Wie möchten Sie die Haare geschnitten haben? |
| ショート | Kurzhaarschnitt |
| 〜みたいに して ください。 | Machen Sie es bitte wie 〜 |
| これで よろしいでしょうか。 | Ist es so in Ordnung?（höflich） |
| [どうも] お疲れさまでした。 | Vielen Dank für Ihre Geduld!（Mitarbeiter zum Kunden） |

〈読み物〉
| | |
|---|---|
| 嫌がります Ⅰ | nicht mögen |
| また | außerdem, ferner, und |
| うまく | geschickt, gut |
| 順序 | Reihenfolge |
| 安心[な] | sicher, sorgenfrei |
| 表現 | Ausdruck |
| 例えば | zum Beispiel |
| 別れます Ⅱ | sich trennen |
| これら | diese（Plural） |
| 縁起が 悪い | böse und schlechte Vorzeichen |

## II. Übersetzungen

**Satzmuster**
1. Ich habe gestern Abend zu viel Alkohol getrunken.
2. Der PC hier ist einfach zu bedienen.
3. Machen Sie die Hose bitte kürzer.

**Beispielsätze**
1. Weinen Sie?
    ……Nein, ich habe zu viel gelacht, deshalb sind mir die Tränen gekommen.
2. Die Autos in letzter Zeit sind leicht zu fahren (wörtl. Was die Autos in letzter Zeit betrifft, ist die Bedienung einfach).
    ……Ja. Aber es ist zu einfach, deshalb macht das Autofahren keinen Spaß.
3. Wo kann man besser leben, auf dem Land oder in der Stadt?
    ……Ich bin der Meinung, dass man auf dem Land besser leben kann. Denn die Preise sind niedrig und die Luft ist sauber.
4. Das Glas hier ist stabil und geht schwer kaputt.
    ……Das ist gut, weil es sicher ist, wenn (wörtl. dafür dass) Kinder es benutzen, nicht wahr?
5. Es ist schon spät in der Nacht, könnten Sie deshalb bitte leiser sein?
    ……Ja. Entschuldigung.
6. Was möchten Sie gerne trinken (wörtl. Was für ein Getränk nehmen Sie)?
    ……Ich nehme ein Bier.

**Dialog**

### Machen Sie es bitte wie auf diesem Foto hier

Friseur: Guten Tag! Was kann ich heute für Sie tun (wörtl. Wie möchten Sie es heute machen)?
Lee: Schneiden, bitte.
Friseur: Dann bitte hier entlang zum Haarewaschen.
   ……………………………………………………

Friseur: Wie möchten Sie Ihre Haare geschnitten haben?
Lee: Ich möchte sie kurz haben, aber...
   Machen Sie es bitte wie auf diesem Foto hier.
Friseur: Oh, schön!
   ……………………………………………………

Friseur: Ist die Länge vorne gut so?
Lee: Hm. Machen Sie es bitte noch ein bisschen kürzer.
   ……………………………………………………

Friseur: Vielen Dank für Ihre Geduld.
Lee: Danke!

# III. Zusatzvokabular & -informationen

<ruby>美容院<rt>びよういん</rt></ruby>・<ruby>理髪店<rt>りはつてん</rt></ruby>　Friseursalon

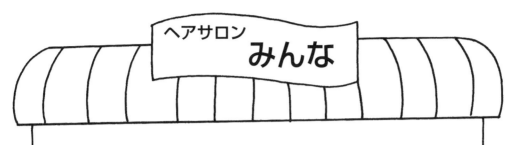

| | |
|---|---|
| カット | Schneiden, Haarschnitt |
| パーマ | Dauerwelle |
| シャンプー | Shampoo |
| トリートメント | Haarkur |
| ブロー | Föhnen |
| カラー | Färbung |
| エクステ | Extensions |

| | |
|---|---|
| ネイル | Nagelpflege und -design |
| フェイシャルマッサージ | Gesichtsmassage |
| メイク | Make-up |
| <ruby>着付<rt>きつ</rt></ruby>け | Ankleiden von Kimono |

| | | |
|---|---|---|
| <ruby>耳<rt>みみ</rt></ruby>が<ruby>見<rt>み</rt></ruby>えるくらいに | <ruby>切<rt>き</rt></ruby>ってください。 | so, dass man die Ohren sehen kann. |
| <ruby>肩<rt>かた</rt></ruby>にかかるくらいに | | auf Schulterlänge. |
| まゆが<ruby>隠<rt>かく</rt></ruby>れるくらいに | Schneiden Sie bitte | so, dass die Augenbrauen bedeckt sind. |
| １センチくらい | | ungefähr einen Zentimeter. |
| この<ruby>写真<rt>しゃしん</rt></ruby>みたいに | | wie auf diesem Foto. |

| | | | |
|---|---|---|---|
| <ruby>髪<rt>かみ</rt></ruby>をとかす | kämmen, bürsten | ひげ／<ruby>顔<rt>かお</rt></ruby>をそる | den Bart/sich rasieren |
| <ruby>髪<rt>かみ</rt></ruby>を<ruby>分<rt>わ</rt></ruby>ける | die Haare scheiteln | <ruby>化粧<rt>けしょう</rt></ruby>／メイクする | (sich) schminken |
| <ruby>髪<rt>かみ</rt></ruby>をまとめる | die Haare zusammenbinden | <ruby>三<rt>み</rt></ruby>つ<ruby>編<rt>あ</rt></ruby>みにする | Zöpfe flechten |
| <ruby>髪<rt>かみ</rt></ruby>をアップにする | die Haare hochstecken | <ruby>刈<rt>か</rt></ruby>り<ruby>上<rt>あ</rt></ruby>げる | die Haare stutzen |
| <ruby>髪<rt>かみ</rt></ruby>を<ruby>染<rt>そ</rt></ruby>める | die Haare färben | パーマをかける | sich eine Dauerwelle machen lassen |

## IV. Grammatik

**1.**  
| V ます -Form |
| い -Adj (～い̸) | すぎます
| な -Adj [な̸] |

～すぎます drückt aus, dass eine Handlung oder ein Zustand eine zulässige Grenze überschreitet. Daher wird diese Satzstruktur normalerweise verwendet, wenn die Handlung oder der Zustand nicht erwünscht ist.

① ゆうべ お酒を 飲みすぎました。　Ich habe gestern zu viel Alkohol getrunken.

② この セーターは 大きすぎます。　Dieser Pulli ist zu groß.

[Anm.] ～すぎます flektiert wie die Verben der Gruppe II.

Bsp. のみすぎる　のみすぎ(ない)　のみすぎた

③ 最近の 車は 操作が 簡単すぎて、運転が おもしろくないです。
Die heutigen Autos sind zu einfach zu bedienen, daher macht das Fahren keinen Spaß.

④ いくら 好きでも、飲みすぎると、体に 悪いですよ。
Egal wie sehr man es mag, es ist schlecht für die Gesundheit, wenn man zu viel trinkt.

**2.**  
V ます -Form { やすいです / にくいです }

1) Wenn das Verb in der ます -Form eine willentliche Handlung ausdrückt, bedeutet ～やすい, dass es einfach ist, die Handlung auszuführen, und ～にくい, dass dies schwierig ist.

⑤ この パソコンは 使いやすいです。
Der PC hier ist einfach zu bedienen.

⑥ 東京は 住みにくいです。
In Tōkyō lässt es sich schlecht wohnen (wörtl. ist es schwer zu wohnen).

Satz ⑤ sagt aus, dass der PC die Eigenschaft hat, dass man ihn einfach benutzen kann, und Satz ⑥, dass in der Stadt Tōkyō das Wohnen mit Schwierigkeiten verbunden ist.

2) Wenn das Verb in der ます -Form keinen Willen beinhaltet, drückt ～やすい aus, dass sich etwas leicht ereignet, und ～にくい, dass es kaum passiert.

⑦ 白い シャツは 汚れやすいです。
Weiße Hemden werden leicht schmutzig.

⑧ 雨の 日は 洗濯物が 乾きにくいです。
An Regentagen trocknet die Wäsche schlecht.

[Anm.] ～やすい und ～にくい flektieren wie い -Adjektive.

⑨ この 薬は 砂糖を 入れると、飲みやすく なりますよ。
Das Medikament wird leichter einnehmbar, wenn man Zucker reintut.

⑩ この コップは 割れにくくて、安全ですよ。
Das Glas hier geht schwer kaputt und ist somit sicher.

3. $$\text{N}_1 \text{を} \begin{Bmatrix} \text{い -Adj}(\sim\text{い}) \rightarrow \sim \text{く} \\ \text{な -Adj}[\text{な}] \rightarrow \sim \text{に} \\ \text{N}_2 \text{に} \end{Bmatrix} \text{します}$$

～く／～に なります, das Sie in L. 19 gelernt haben, drückt aus, dass sich ein Subjekt in seinem Zustand ändert. ～く／～に します drückt hingegen aus, dass man ein Objekt ($N_1$) in seinem Zustand verändert.

⑪ 音を 大きく します。　　　　Ich mache den Ton lauter (wörtl. größer).

⑫ 部屋を きれいに します。　　Ich mache das Zimmer sauber.

⑬ 塩の 量を 半分に しました。　Ich habe die Salzmenge halbiert.

4. N に します

Dieses Satzmuster drückt eine Wahl oder Entscheidung aus.

⑭ 部屋は シングルに しますか、ツインに しますか。

Möchten Sie lieber ein Einzel- oder ein Doppelzimmer (wörtl. Entscheiden Sie sich für ein Einzel- oder ein Doppelzimmer)?

⑮ 会議は あしたに します。

Die Sitzung machen wir morgen (wörtl. Wir nehmen den morgigen Tag für die Sitzung).

# Lektion 45

## I. Vokabular

| | | |
|---|---|---|
| しんじますⅡ | 信じます | glauben |
| キャンセルしますⅢ | | absagen, annullieren, stornieren |
| しらせますⅡ | 知らせます | benachrichtigen, mitteilen |
| ほしょうしょ | 保証書 | Garantieschein |
| りょうしゅうしょ | 領収書 | Quittung |
| キャンプ | | Camp, Zeltlager |
| ちゅうし | 中止 | Ausfallen, Absage |
| てん | 点 | Punkt, Punktzahl |
| うめ | 梅 | Pflaumenblüte |
| 110ばん | 110番 | 110（Polizeinotruf in Japan） |
| 119ばん | 119番 | 119（Notrufnummer für Notarzt und Feuerwehr in Japan） |
| きゅうに | 急に | plötzlich |
| むりに | 無理に | unvernünftig, um jeden Preis |
| たのしみに しています | 楽しみに しています | sich auf etw. freuen |
| いじょうです。 | 以上です。 | Das war alles. |

〈会話〉
係員　　　　　　　　　　　　ein Zuständiger/eine Zuständige
コース　　　　　　　　　　　Weg, Route（z.B. beim Marathon）
スタート　　　　　　　　　　Start
一位　　　　　　　　　　　　der －te Platz
優勝しますⅢ　　　　　　　　die Meisterschaft/den Sieg erringen

〈読み物〉
悩み　　　　　　　　　　　　Kummer, Sorge, Problem
目覚まし[時計]　　　　　　　[Wecker]
目が覚めますⅡ　　　　　　　aufwachen
大学生　　　　　　　　　　　Student/-in
回答　　　　　　　　　　　　Antwort（～します：antworten）
鳴りますⅠ　　　　　　　　　klingeln
セットしますⅢ　　　　　　　stellen
それでも　　　　　　　　　　trotzdem, dennoch

123

45

## II. Übersetzungen

**Satzmuster**
1. Falls Sie Ihre Karte verlieren, kontaktieren Sie bitte umgehend die Kartenfirma.
2. Obwohl wir verabredet waren, ist meine Freundin/sie nicht gekommen.

**Beispielsätze**
1. Falls die Züge wegen des Erdbebens nicht mehr fahren, gehen Sie bitte nicht um jeden Preis nach Hause, sondern übernachten Sie in der Firma.
   ……Ja, verstanden.
2. Das hier ist der Garantieschein für den Computer.
   Falls das Gerät einmal nicht in Ordnung ist, kontaktieren Sie bitte diese Nummer.
   ……Ja, verstanden.
3. Ähm, kann man in dieser Bibliothek eine Quittung für die Kopien bekommen?
   ……Ja. Falls Sie eine brauchen, sagen Sie es bitte.
4. Im Fall von Brand oder Erdbeben benutzen Sie bitte auf keinen Fall den Aufzug.
   ……Ja, verstanden.
5. Ist die Rede gut gelaufen?
   ……Nein. Obwohl ich fleißig geübt und auswendig gelernt hatte, habe ich es während der Rede leider vergessen.
6. Obwohl Winter ist, blühen die Kirschblüten, nicht wahr?
   ……Wie bitte? Das sind keine Kirschblüten. Es sind Pflaumenblüten.

**Dialog**

      **Was soll man machen, falls man die falsche Strecke genommen hat?**

| | |
|---|---|
| Verantwortlicher: | Meine Herren, da dieser Marathon ein Gesundheitsmarathon ist, überanstrengen Sie sich bitte nicht. Sollten Sie sich (beim Laufen) schlecht fühlen, sagen Sie es bitte einem Zuständigen. |
| Alle Teilnehmer: | Ja. |
| Teilnehmer 1: | Entschuldigung. Was soll man machen, falls man die falsche Strecke genommen hat? |
| Verantwortlicher: | Kehren Sie bitte zum Ausgangspunkt zurück und laufen Sie von dort weiter. |
| Teilnehmer 2: | Ähm, und falls man mittendrin aufhören möchte? |
| Verantwortlicher: | In dem Fall gehen Sie bitte erst nach Hause, nachdem Sie einem Zuständigen in Ihrer Nähe Ihren Namen mitgeteilt haben. Also, nun ist es Zeit für den Start. |
| | ……………………………………………… |
| Suzuki: | Herr Miller, wie war der Marathon? |
| Miller: | Ich habe den zweiten Platz gemacht. |
| Suzuki: | Den zweiten Platz? Das ist ja großartig! |
| Miller: | Nein. Schade, obwohl ich fleißig geübt hatte, konnte ich nicht gewinnen. |
| Suzuki: | Es gibt ja nächstes Jahr wieder einen! |

# III. Zusatzvokabular & -informationen

病院　Krankenhaus

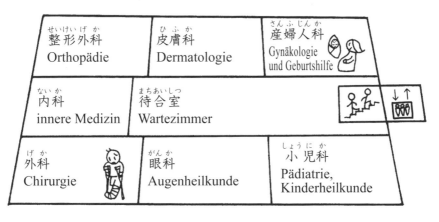

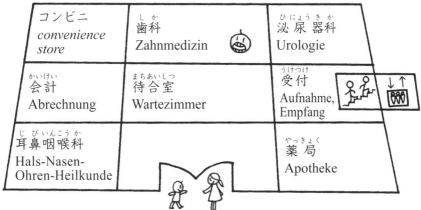

| | | |
|---|---|---|
| 診察する | ärztlich untersuchen | |
| 検査する | untersuchen, prüfen | |
| 注射する | injizieren, spritzen | |
| レントゲンを撮る | röntgen | |
| 入院／退院する | ins Krankenhaus aufgenommen werden/aus dem Krankenhaus entlassen werden | |
| 手術する | operieren | |
| 麻酔する | betäuben, narkotisieren | |

| | |
|---|---|
| 処方箋 | Rezept |
| カルテ | Krankenkarte |
| 保険証 | Krankenversicherungsausweis |
| 診察券 | Untersuchungsschein |

薬の種類　Arten von Medikamenten
痛み止め／湿布薬／解熱剤
Schmerzmittel/feuchte Umschläge mit Salben/Fiebermittel
錠剤／粉薬／カプセル
Tabletten, Pillen/pulverförmige Medikamente/Kapseln

## IV. Grammatik

1. 
   | V Wörterbuchform |
   |---|
   | V ない -Form ない |
   | V た -Form |
   | い -Adj（〜い） |
   | な -Adj な |
   | N の |

   } 場合(ばあい)は、〜

   〜ばあい ist ein Ausdruck, mit dem man eine Situation annimmt. Der darauf folgende Satz drückt aus, wie man mit dieser Situation umgeht, oder das Ergebnis, das aus ihr resultiert. Da ばあい ein Nomen ist, gleicht die nähere Bestimmung der bei Nomina.

   ① 会議(かいぎ)に 間(ま)に 合(あ)わない 場合(ばあい)は、連絡(れんらく)して ください。
   　　Falls Sie es nicht rechtzeitig zur Sitzung schaffen, geben Sie uns bitte Bescheid.
   ② 時間(じかん)に 遅(おく)れた 場合(ばあい)は、会場(かいじょう)に 入(はい)れません。
   　　Falls Sie sich verspäten, können Sie nicht in den Veranstaltungsort hinein.
   ③ パソコンの 調子(ちょうし)が 悪(わる)い 場合(ばあい)は、どう したら いいですか。
   　　Was soll ich machen, falls der PC nicht in Ordnung ist?
   ④ 領収書(りょうしゅうしょ)が 必要(ひつよう)な 場合(ばあい)は、言(い)って ください。
   　　Falls Sie eine Quittung brauchen, sagen Sie es bitte.
   ⑤ 火事(かじ)や 地震(じしん)の 場合(ばあい)は、エレベーターを 使(つか)わないで ください。
   　　Im Fall von einem Brand oder Erdbeben benutzen Sie bitte nicht den Aufzug.

2. 
   | V | einfache Form |
   |---|---|
   | い -Adj | einfache Form |
   | な -Adj | einfache Form |
   | N | 〜だ → 〜な |

   } のに、〜

   のに wird verwendet, wenn das Ergebnis im zweiten Teil des Satzes den natürlichen Erwartungen aus dem ersten Teil des Satzes widerspricht. Meistens wird ein Gefühl der Überraschung oder Unzufriedenheit ausgedrückt.

   ⑥ 約束(やくそく)を したのに、彼女(かのじょ)は 来(き)ませんでした。
   　　Obwohl wir verabredet waren, ist meine Freundin/sie nicht gekommen.
   ⑦ きょうは 日曜日(にちようび)なのに、働(はたら)かなければ なりません。
   　　Obwohl heute Sonntag ist, muss ich arbeiten.

   Satz ⑥ z.B. drückt das Gefühl der Enttäuschung darüber aus, dass die natürliche Erwartung, die sich aus dem ersten Teil, der Verabredung, ergibt, nämlich dass die Freundin/sie kommt, nicht erfüllt wurde. Und bei Satz ⑦ drückt der Sprecher mit のに seine Unzufriedenheit aus, weil er arbeiten muss, obwohl man aufgrund der Tatsache, dass Sonntag ist, eigentlich erwarten müsste, dass man sich ausruhen kann.

［Anm. 1］Zum Unterschied zwischen ～のに und ～が：
Wenn man in ⑥ und ⑦ のに durch が ersetzt, kann man nicht das Gefühl der Überraschung oder Unzufriedenheit ausdrücken.

⑧ 約束を しましたが、彼女は 来ませんでした。
    Wir waren verabredet, aber meine Freundin/sie ist nicht gekommen.

⑨ きょうは 日曜日ですが、働かなければ なりません。
    Heute ist Sonntag, aber ich muss arbeiten.

［Anm. 2］Zum Unterschied zwischen ～のに und ～ても：
～のに drückt das Gefühl des Sprechers bezüglich Dingen aus, die bereits passiert sind, und kann nicht benutzt werden, um wie mit ～ても eine hypothetische adversative (entgegensetzende) Satzverbindung auszudrücken.

⑩ あした 雨が 降っても、サッカーを します。
    Selbst wenn es morgen regnet, spiele ich Fußball.

×あした 雨が 降るのに、サッカーを します。

# Lektion 46

## I. Vokabular

| | | |
|---|---|---|
| わたしますⅠ | 渡します | übergeben, abgeben |
| かえって きますⅢ | 帰って 来ます | zurückkommen |
| でますⅡ | 出ます | [der Bus] fährt ab |
| ［バスが〜］ | | |
| とどきますⅠ | 届きます | [das Paket] kommt an, [das Paket] wird geliefert |
| ［にもつが〜］ | ［荷物が〜］ | |
| にゅうがくしますⅢ | 入学します | sich [an einer Universität] immatrikulieren |
| ［だいがくに〜］ | ［大学に〜］ | |
| そつぎょうしますⅢ | 卒業します | [die Universität] absolvieren |
| ［だいがくを〜］ | ［大学を〜］ | |
| やきますⅠ | 焼きます | backen, braten, toasten, grillen |
| やけますⅡ | 焼けます | |
| ［パンが〜］ | | [ein Brot] wird gebacken |
| ［にくが〜］ | ［肉が〜］ | [Fleisch] wird gegrillt, gebraten |
| | | |
| るす | 留守 | Abwesenheit（von zu Hause） |
| たくはいびん | 宅配便 | Paket-Zustelldienst |
| | | |
| げんいん | 原因 | Ursache |
| | | |
| こちら | | hier（beim Sprecher）, ich（der Sprecher selber） |
| | | |
| 〜の ところ | 〜の 所 | bei 〜, die Gegend um 〜 |
| | | |
| はんとし | 半年 | halbes Jahr |
| ちょうど | | genau, exakt |
| たったいま | たった今 | gerade jetzt, gerade eben（wird mit der Vergangenheit benutzt und drückt damit die Vollendung einer Handlung aus） |
| | | |
| いま いいですか。 | 今 いいですか。 | Darf ich Sie jetzt stören?/Störe ich Sie gerade? |

## 〈会話〉

| | |
|---|---|
| ガスサービスセンター | Servicezentrum des Gasunternehmens, Gasservicezentrum |
| ガスレンジ | Gasherd |
| 具合 | Zustand, Verfassung |
| 申し訳ありません。 | Es tut mir/uns Leid, Entschuldigung. |
| どちら様でしょうか。 | Darf ich Ihren Namen erfahren? |
| お待たせしました。 | Entschuldigung, dass ich Sie habe warten lassen. |
| 向かいますⅠ | zufahren, zugehen |

## 〈読み物〉

| | |
|---|---|
| ついていますⅡ | Glück haben |
| 床 | Boden |
| 転びますⅠ | hinfallen |
| ベル | Klingel |
| 鳴りますⅠ | klingeln |
| 慌てて | hektisch, hastig, übereilt |
| 順番に | der Reihe nach |
| 出来事 | Ereignis |

# 46

## II. Übersetzungen

**Satzmuster**
1. Die Konferenz wird jetzt gleich beginnen.
2. Mein Freund/Er hat erst im März die Universität absolviert.
3. Herr Miller müsste im Konferenzraum sein.

**Beispielsätze**
1. Hallo, hier ist Tanaka, störe ich Sie gerade (wörtl. ist es gerade gut)?
   ······Es tut mir Leid. Ich steige jetzt gleich in die Bahn ein. Ich werde Sie später anrufen.
2. Wissen Sie, warum es kaputtgegangen ist (wörtl. die Ursache für den Defekt)?
   ······Nein, wir sind gerade dabei, es zu untersuchen.
3. Ist Frau Watanabe da?
   ······Ach, sie ist gerade (nach Hause) gegangen. Es könnte sein, dass sie noch am Aufzug ist.
4. Wie ist Ihre Arbeit?
   ······Da ich erst letzten Monat in die Firma gekommen bin, weiß ich es noch nicht so genau.
5. Obwohl ich diese Videokamera erst letzte Woche gekauft habe, funktioniert sie nicht.
   ······Dann zeigen Sie sie mir bitte kurz.
6. Ist Herr Miller noch nicht da?
   ······Da vorhin ein Anruf von ihm kam, müsste er bald kommen.

**Dialog**

**Obwohl ich ihn erst letzte Woche habe reparieren lassen, wieder...**

Zuständiger: Guten Tag, hier ist das Gasservicezentrum.
Thawaphon: Äh, mein Gasherd ist nicht in Ordnung...
Zuständiger: Was ist das Problem?
Thawaphon: Obwohl ich ihn erst letzte Woche habe reparieren lassen, geht die Flamme wieder aus. Da es gefährlich ist, können Sie bitte sofort gucken kommen?
Zuständiger: Alles klar. Ich denke, dass wir gegen 17 Uhr da sein können. Ihren Namen und Ihre Adresse bitte.
   ·················································
Thawaphon: Hallo, jemand sollte gegen 17 Uhr kommen, um nach meinem Gasherd zu sehen. Dauert es noch lange?
Zuständiger: Es tut mir sehr Leid. Darf ich Ihren Namen erfahren?
Thawaphon: Ich heiße Thawaphon.
Zuständiger: Einen Augenblick bitte. Ich kontaktiere den zuständigen Mitarbeiter.
   ·················································
Zuständiger: Entschuldigung, dass ich Sie habe warten lassen. Er ist auf dem Weg zu Ihnen. Warten Sie bitte noch ungefähr zehn Minuten.

# III. Zusatzvokabular & -informationen

## かたかな語のルーツ　　Ursprung der *Katakana*-Wörter

Die japanische Sprache hat viele Lehnwörter. Sie werden mit *Katakana* geschrieben. Die meisten Lehnwörter kommen aus dem Englischen, aber einige sind aus dem Französischen, Niederländischen, Deutschen, Portugiesischen etc. abgeleitet. Es gibt auch *Katakana*-Wörter, die in Japan entwickelt wurden.

| | 食べ物・飲み物<br>Essen & Getränke | 服飾<br>Kleidung | 医療関係<br>ärztliche Behandlung | 芸術<br>Kunst | その他<br>Sonstiges |
|---|---|---|---|---|---|
| 英語 | ジャム Marmelade　ハム Schinken<br>クッキー Plätzchen, Keks, Gebäck<br>チーズ Käse | エプロン Schürze<br>スカート Rock<br>スーツ Anzug | インフルエンザ Grippe<br>ストレス Stress | ドラマ Drama<br>コーラス Chor<br>メロディー Melodie | スケジュール Plan, Programm<br>ティッシュペーパー Papiertaschentuch<br>トラブル Schwierigkeiten<br>レジャー Freizeit |
| フランス語 | コロッケ Krokette<br>オムレツ Omelett | ズボン Hose<br>ランジェリー Damenunterwäsche | | バレエ Ballett<br>アトリエ Atelier | アンケート Umfrage<br>コンクール Wettbewerb |
| ドイツ語 | フランクフルト [ソーセージ]<br>Frankfurter [Würstchen] | | レントゲン Röntgenstrahlen<br>アレルギー Allergie | メルヘン Märchen | アルバイト Nebenjob, Teilzeitjob<br>エネルギー Energie<br>テーマ Thema |
| オランダ語 | ビール Bier<br>コーヒー Kaffee | ホック Haken, Häkchen<br>ズック Segeltuchschuhe | メス Skalpell<br>ピンセット Pinzette | オルゴール Spieldose | ゴム Gummi<br>ペンキ Farbe (zum Anstreichen)<br>ガラス Glas |
| ポルトガル語 | パン Brot<br>カステラ spanischer Kastenkuchen | ビロード Samt<br>ボタン Knopf | | | カルタ Karte (jap. Spielkarte) |
| イタリア語 | マカロニ Makkaroni　パスタ Nudeln<br>スパゲッティ Spaghetti | | | オペラ Oper | |

## IV. Grammatik

**46**

1. 
| V Wörterbuchform |
| V て -Form いる | ところです
| V た -Form |

Das ところ dieser Lektion wird verwendet, um zu betonen, in welcher Phase sich eine Handlung oder ein Ereignis befindet.

1) V Wörterbuchform ところです

Diese Konstruktion drückt aus, dass man kurz davor steht mit etwas anzufangen, oder dass etwas kurz davor steht zu beginnen. Sie wird häufig mit Adverbien wie これから oder [ちょうど] いまから benutzt.

① 昼ごはんは もう 食べましたか。
   ……いいえ、これから 食べる ところです。
   Haben Sie schon zu Mittag gegessen?
   …… Nein, ich werde jetzt gleich essen.

② 会議は もう 始まりましたか。
   ……いいえ、今から 始まる ところです。
   Hat die Sitzung schon angefangen?
   …… Nein, sie fängt jetzt gleich an.

2) V て -Form いる ところです

Hiermit zeigt man an, dass man gerade dabei ist, etwas zu tun, oder dass etwas gerade durchgeführt wird. Die Konstruktion wird oft zusammen mit いま verwendet.

③ 故障の 原因が わかりましたか。
   ……いいえ、今 調べて いる ところです。
   Wissen Sie, warum es kaputtgegangen ist (wörtl. die Ursache für den Defekt)?
   …… Nein, wir sind gerade dabei, es zu untersuchen.

3) V た -Form ところです

Diese Konstruktion zeigt an, dass man gerade etwas beendet hat oder gerade etwas beendet wurde. Sie wird häufig mit Adverbien wie たったいま etc. verwendet.

④ 渡辺さんは いますか。
   ……あ、たった今 帰った ところです。
   Ist Frau Watanabe da?
   …… Ach, sie ist gerade nach Hause gegangen.

⑤ たった今 バスが 出た ところです。
   Der Bus ist gerade abgefahren.

[Anm.] ～ところです kann als Satz mit Prädikatsnomen mit verschiedenen Satzmustern verbunden werden.

⑥ もしもし 田中ですが、今 いいでしょうか。
   ……すみません。今から 出かける ところなんです。
   Hallo, hier ist Tanaka, störe ich Sie gerade (wörtl. ist es jetzt gut)?
   …… Es tut mir leid. Ich wollte gerade ausgehen (wörtl. Ich gehe jetzt gleich aus).

**2.** V た -Form ばかりです

Auch dieses Satzmuster drückt das Gefühl des Sprechers aus, dass nicht so viel Zeit vergangen ist, nachdem eine Handlung durchgeführt wurde oder ein Ereignis passiert ist. Unabhängig von der wirklichen Länge der vergangenen Zeit kann der Sprecher dieses Satzmuster verwenden, wenn er die Zeit als kurz empfindet. In dieser Hinsicht ist es anders als V た -Form ところです.

⑦ さっき 昼ごはんを 食べた ばかりです。
Ich habe erst vorhin zu Mittag gegessen.

⑧ 木村さんは 先月 この 会社に 入った ばかりです。
Frau Kimura ist erst letzten Monat in die Firma gekommen.

[Anm.] ～ばかりです kann als Satz mit Prädikatsnomen mit verschiedenen Satzmustern verbunden werden.

⑨ この ビデオは 先週 買った ばかりなのに、調子が おかしいです。
Obwohl ich dieses Videogerät erst letzte Woche gekauft habe, ist es nicht in Ordnung.

**3.** 
V Wörterbuchform
V ない -Form ない
い-Adj (〜い)
な-Adj な
N の
} はずです

Dieses Satzmuster wird verwendet, wenn der Sprecher sein Urteil, das er aus irgendeinem Grund selber gefällt hat, mit Überzeugung äußert.

⑩ ミラーさんは きょう 来るでしょうか。
……来る はずですよ。きのう 電話が ありましたから。
Kommt Herr Miller heute?
…… Er müsste kommen, weil er gestern angerufen hat.

Bei ⑩ ist der gestrige Anruf die Grundlage für das Urteil. Aufbauend auf dieser Grundlage schließt der Sprecher darauf, dass Herr Miller heute kommen müsste. Durch die Verwendung von ～はずです wird ausgedrückt, dass der Sprecher von diesem Urteil überzeugt ist.

# Lektion 47

## I. Vokabular

| | | |
|---|---|---|
| ふきます I [かぜが～] | 吹きます [風が～] | [der Wind] weht |
| もえます II [ごみが～] | 燃えます | [der Müll] brennt |
| なくなります I | 亡くなります | versterben (Euphemismus für しにます) |
| あつまります I [ひとが～] | 集まります [人が～] | [Leute] versammeln sich |
| わかれます II [ひとが～] | 別れます [人が～] | [Leute] trennen sich |
| します III [おと／こえが～] | [音／声が～] | man hört [einen Ton/eine Stimme] |
| [あじが～] | [味が～] | [schmecken] |
| [においが～] | | [riechen] |
| | | |
| きびしい | 厳しい | streng, hart |
| ひどい | | schlimm, grausam, furchtbar |
| こわい | 怖い | schrecklich, furchtbar, angsterregend, gruselig |
| | | |
| じっけん | 実験 | Experiment |
| データ | | Daten |
| じんこう | 人口 | Einwohnerzahl |
| | | |
| におい | | Geruch |
| | | |
| かがく | 科学 | Wissenschaft |
| いがく* | 医学 | Medizin (als Fach) |
| ぶんがく | 文学 | Literatur |
| | | |
| パトカー | | Polizeiauto, Streifenwagen |
| きゅうきゅうしゃ | 救急車 | Krankenwagen |
| | | |
| さんせい | 賛成 | Zustimmung |
| はんたい | 反対 | Widerspruch, Gegenteil |
| | | |
| だいとうりょう | 大統領 | Präsident, Bundespräsident |
| | | |
| ～に よると | | laut ～ (zeigt die Informationsquelle an) |

〈会話〉
婚約します Ⅲ　　　　　　　　sich verloben
どうも　　　　　　　　　　　wohl（wird benutzt, wenn man eine Vermutung äußert）
恋人　　　　　　　　　　　　Freund/-in, Liebling, Geliebte/-r
相手　　　　　　　　　　　　Partner/-in, die andere Person
知り合います Ⅰ　　　　　　　kennen lernen

〈読み物〉
化粧　　　　　　　　　　　　Schminken, Make-up（～を します：（sich) schminken）
世話を します Ⅲ　　　　　　 sich kümmern
女性　　　　　　　　　　　　Frau
男性　　　　　　　　　　　　Mann
長生き　　　　　　　　　　　langes Leben, Langlebigkeit（～します：lange leben）
理由　　　　　　　　　　　　Grund
関係　　　　　　　　　　　　Beziehung

## II. Übersetzungen

### Satzmuster
1. Laut Wetterbericht soll es morgen kalt/kälter werden.
2. Im Zimmer nebenan scheint jemand zu sein.

### Beispielsätze
1. Ich habe in der Zeitung gelesen, es soll im Januar einen japanischen Redewettbewerb geben. Wollen Sie es nicht versuchen, Herr Miller?
   ……Hmm. Ich überlege es mir.
2. Klara soll als Kind in Frankreich gewohnt haben.
   ……Deswegen versteht sie also auch Französisch.
3. Ich habe gehört, dass das neue elektronische Wörterbuch von Power Electric sehr einfach zu bedienen und gut sein soll.
   ……Ja. Ich habe schon eins gekauft.
4. Herr Watt soll ein strenger Lehrer sein, nicht wahr?
   ……Ja. Aber sein Unterricht ist sehr interessant.
5. Man hört lebhafte Stimmen, nicht?
   ……Ja. Es scheint, dass sie eine Party oder so etwas machen.
6. Es sind viele Leute versammelt, nicht wahr?
   ……Es scheint einen Unfall gegeben zu haben. Ein Polizeiwagen und ein Krankenwagen sind da.

### Dialog

**Sie soll sich verlobt haben**

Watanabe: Ich gehe schon vor Ihnen, auf Wiedersehen!
Takahashi: Ach, Frau Watanabe, bitte warten Sie einen Moment! Ich gehe auch nach Hause.
Watanabe: Es tut mir Leid. Ich muss mich ein bisschen beeilen...
　　　　　………………………………………………………
Takahashi: Frau Watanabe geht in letzter Zeit früh nach Hause, nicht wahr? Es scheint so, dass sie einen Freund (bekommen) hat.
Hayashi: Wissen Sie es etwa nicht? Sie soll sich vor kurzem verlobt haben.
Takahashi: Was? Wer ist ihr Verlobter?
Hayashi: Herr Suzuki von IMC.
Takahashi: Was!? Herr Suzuki?
Hayashi: Sie sollen sich auf der Hochzeit von Herrn Watt kennen gelernt haben.
Takahashi: Ach so.
Hayashi: Übrigens, wie ist es mit Ihnen, Herr Takahashi?
Takahashi: Ich? Die Arbeit ist meine Freundin.

# III. Zusatzvokabular & -informationen

擬音語・擬態語 (ぎおんご・ぎたいご)　　Lautmalereien & Wörter, die einen Zustand oder Eindruck beschreiben

| | | |
|---|---|---|
| ザーザー（降る）<br>(der Regen) schüttet | ピューピュー（吹く）<br>(der Wind) pfeift | ゴロゴロ（鳴る）<br>(der Donner) rollt, grollt |
| ワンワン（ほえる）<br>Wau, wau! (bellen) | ニャーニャー（鳴く）<br>Miau, miau! (miauen) | カーカー（鳴く）<br>Krah, krah! (krähen) |
| げらげら（笑う）<br>laut lachen, wiehern | しくしく（泣く）<br>wimmern, leise weinen | きょろきょろ（見る）<br>unruhig hin- und herschauen |
| ぱくぱく（食べる）<br>zügig, mit Appetit essen | ぐうぐう（寝る）<br>wie ein Murmeltier/Stein schlafen | すらすら（読む）<br>fließend, ohne zu zögern (lesen) |
| ざらざら（している）<br>(sich) rau/sandig (anfühlen) | べたべた（している）<br>klebrig (sein) | つるつる（している）<br>glatt/rutschig (sein) |

## IV. Grammatik

**1.** | einfache Form そうです | Ich habe gehört, dass .../Etw. soll ...

Mit diesem Satzmuster gibt der Sprecher dem Gesprächspartner Informationen so weiter, wie er sie bekommen hat, ohne seine eigene Meinung dazu zu äußern. Wenn die Informationsquelle angegeben wird, wird 〜に よると am Anfang des Satzes verwendet.

① 天気予報に よると、あしたは 寒く なるそうです。
   Laut Wetterbericht soll es morgen kalt/kälter werden.

② クララさんは 子どもの とき、フランスに 住んで いたそうです。
   Klara soll als Kind in Frankreich gewohnt haben.

③ バリは とても きれいだそうです。
   Bali soll sehr schön sein.

[Anm. 1] Man beachte, dass sich dieser Ausdruck sowohl in der Bedeutung als auch in den Formen, an die er angeschlossen wird, von 〜そうです aus L. 43 unterscheidet. Vergleichen wir die folgenden Beispiele.

④ 雨が 降りそうです。
   Es sieht nach Regen aus (wörtl. Es sieht so aus, als ob es regnen wird). (L. 43)

⑤ 雨が 降るそうです。          Es soll regnen.

⑥ この 料理は おいしそうです。   Dieses Gericht sieht lecker aus. (L. 43)

⑦ この 料理は おいしいそうです。  Dieses Gericht soll lecker sein.

[Anm. 2] Zum Unterschied zwischen 〜そうです (Hörensagen) und 〜と いって いました (L. 33):

⑧ ミラーさんは あした 京都へ 行くそうです。
   Herr Miller soll morgen nach Kyōto fahren.

⑨ ミラーさんは あした 京都へ 行くと 言って いました。
   Herr Miller hat gesagt, dass er morgen nach Kyōto fährt.

Bei ⑨ ist die Informationsquelle Herr Miller selber, wohingegen sie bei ⑧ nicht nur bei Herrn Miller, sondern auch woanders liegen könnte.

**2.**

| V | einfache Form | |
|---|---|---|
| い-Adj | einfache Form | ようです |
| な-Adj | einfache Form 〜だ→〜な | |
| N | einfache Form 〜だ→〜の | |

Es scheint so, dass ...

〜ようです drückt eine Beurteilung aus, die der Sprecher aus der jeweiligen Situation vorgenommen hat. Es wird manchmal zusammen mit dem Adverb どうも benutzt, das ausdrückt, dass der Sprecher kein klares Urteil abgeben kann.

⑩ 人が 大勢 集まって いますね。
　　……事故のようですね。パトカーと 救急車が 来て いますよ。
　　Es sind viele Leute versammelt, nicht wahr?
　　…… Es scheint einen Unfall gegeben zu haben. Ein Polizeiwagen und ein Krankenwagen sind da.

⑪ せきも 出るし、頭も 痛い。どうも かぜを ひいたようだ。
　　Ich huste, und mein Kopf tut auch weh. Irgendwie scheine ich mich erkältet zu haben.

[Anm.] Zum Unterschied zwischen 〜そうです (L. 43) und 〜ようです:

⑫ ミラーさんは 忙しそうです。　Herr Miller sieht beschäftigt aus. (L. 43)

⑬ ミラーさんは 忙しいようです。　Herr Miller scheint beschäftigt zu sein.

Während bei ⑫ einfach etwas über den äußeren Anschein von Herrn Miller gesagt wird, wird bei ⑬ ein Urteil ausgedrückt, das der Sprecher aufgrund von bestimmten Umständen (z.B. dass Herr Miller kaum zu erreichen ist, oder dass er nicht wie geplant zur Party kommt) gefällt hat.

**3.** 声／音／におい／味が します

⑭ にぎやかな 声が しますね。
　　Da sind lebhafte Stimmen (zu hören), nicht wahr?

Hiermit wird ausgedrückt, dass man über die Sinnesorgane eine Stimme, ein Geräusch, einen Geruch, einen Geschmack oder Ähnliches wahrnimmt.

# Lektion 48

## I. Vokabular

| | | |
|---|---|---|
| おろします I | 降ろします、下ろします | herunternehmen, abladen, ausladen |
| とどけます II | 届けます | liefern, aushändigen, melden |
| せわを します III | 世話を します | sich kümmern |
| ろくおんします III | 録音します | (Ton) aufnehmen |
| いや［な］ | 嫌［な］ | scheußlich, nicht wollen, nicht mögen |
| じゅく | 塾 | Nachhilfeschule |
| せいと | 生徒 | Schüler/-in |
| ファイル | | Ordner, Aktenmappe |
| じゆうに | 自由に | frei |
| ～かん | ～間 | ～ lang |
| いい ことですね。 | | Das ist eine gute Sache. |

〈会話〉
お忙しいですか。　　　　　　Sind Sie beschäftigt?/Haben Sie viel zu tun?（wird benutzt, wenn man eine höher gestellte Person anspricht）

営業　　　　　　　　　　　　Verkauf, Geschäft
それまでに　　　　　　　　　bis dahin
かまいません。　　　　　　　Es ist in Ordnung./Das macht nichts aus.
楽しみますⅠ　　　　　　　　viel Spaß haben, eine schöne Zeit haben, genießen

〈読み物〉
親　　　　　　　　　　　　　Eltern
小学生　　　　　　　　　　　Grundschüler/-in
ーパーセント　　　　　　　　－ Prozent
その次　　　　　　　　　　　danach, das/der/die Nächste
習字　　　　　　　　　　　　Kalligraphie
普通の　　　　　　　　　　　normal

## II. Übersetzungen

### Satzmuster
1. Ich lasse meinen Sohn zum Studieren nach England fahren.
2. Ich lasse meine Tochter Klavier lernen.

### Beispielsätze
1. Ich habe gehört, dass das Training in diesem Fußballkurs sehr streng ist, stimmt das?
   ······Ja, wir lassen die Kinder jeden Tag einen Kilometer laufen.
2. Ich gehe langsam nach Hause.
   ······Ach, warten Sie bitte einen Moment!
   Ich lasse meinen Sohn Sie bis zum Bahnhof bringen.
3. Lernt Hans außerhalb der Schule noch irgendetwas?
   ······Ja, weil er gesagt hat, dass er Judo lernen möchte, lassen wir ihn zu einem Judo-Kurs gehen.
4. Was für eine Lehrerin ist Frau Itō?
   ······Sie ist eine gute Lehrerin. Sie lässt die Schüler Bücher lesen, die sie mögen, und frei ihre Meinung äußern.
5. Entschuldigung. Dürfte ich hier für eine Weile mein Auto parken?
   ······Selbstverständlich.

### Dialog
**Dürfte ich mir frei nehmen?**

| | |
|---|---|
| Miller: | Frau Nakamura, sind Sie gerade beschäftigt? |
| Sektionsleiterin Nakamura: | Nein, bitte. |
| Miller: | Ich hätte eine kleine Bitte... |
| Sektionsleiterin Nakamura: | Was denn? |
| Miller: | Äh, dürfte ich mir nächsten Monat vom 7. an ungefähr 10 Tage frei nehmen? |
| Sektionsleiterin Nakamura: | 10 Tage? |
| Miller: | Wissen Sie, ein/-e Freund/-in von mir in Amerika heiratet. |
| Sektionsleiterin Nakamura: | Ach so. Hm, nächsten Monat gibt es am 20. ein Meeting der Verkaufsabteilung, aber Sie können bis dahin zurück sein, richtig? |
| Miller: | Ja. |
| Sektionsleiterin Nakamura: | Dann ist es in Ordnung. Haben sie viel Spaß! |
| Miller: | Vielen Dank! |

## III. Zusatzvokabular & -informationen

しつける・鍛える　　Manieren beibringen & disziplinieren
子どもに何をさせますか。　Was lassen Sie Ihre Kinder machen?

- 自然の中で遊ぶ
  in der Natur spielen
- スポーツをする
  Sport machen
- 一人で旅行する
  alleine reisen
- いろいろな経験をする
  verschiedene Erfahrungen machen

- いい本をたくさん読む
  viele gute Bücher lesen
- お年寄りの話を聞く
  älteren Leuten zuhören

- ボランティアに参加する
  sich an ehrenamtlichen Tätigkeiten beteiligen
- うちの仕事を手伝う
  im Haushalt helfen
- 弟や妹、おじいちゃん、おばあちゃんの世話をする
  sich um jüngere Geschwister, Großvater oder Großmutter kümmern

- 自分がやりたいことをやる
  machen, was sie wollen
- 自分のことは自分で決める
  über eigene Angelegenheiten selbst entscheiden
- 自信を持つ
  Selbstvertrauen haben
- 責任を持つ
  Verantwortung übernehmen
- 我慢する
  Geduld haben

- 塾へ行く
  zur Nachhilfeschule gehen
- ピアノや英語を習う
  Klavier, Englisch etc. lernen

## IV. Grammatik

### 1. Kausativverben

|   | | Kausativverben | |
|---|---|---|---|
|   | | höfliche Form | einfache Form |
| I | いきます | いかせます | いかせる |
| II | たべます | たべさせます | たべさせる |
| III | きます | こさせます | こさせる |
|   | します | させます | させる |

(s. Lehrbuch, L. 48, Übung A1)

Alle Kausativverben flektieren als Verben der Gruppe II.
Bsp. かかせます　かかせる　かかせ（ない）　かかせて

### 2. Sätze mit Kausativverben

Es gibt zwei Sorten von Kausativverben. Eine zeigt den Handelnden mit を an und die andere mit に. Wie bei 1) unten wird der Handelnde in der Regel mit を markiert, wenn das ursprüngliche Verb ein intransitives Verb ist, und wenn es wie bei 2) ein transitives Verb ist, wird er mit に markiert.

1) $\boxed{\text{N（Person）を　V（intransitiv）Kausativ}}$　jemanden V (intransitiv) lassen

① 部長は ミラーさんを アメリカへ 出張させます。
Der/Die Abteilungsleiter/-in lässt Herrn Miller eine Geschäftsreise nach Amerika machen.

② わたしは 娘を 自由に 遊ばせました。
Ich habe meine Tochter frei spielen lassen.

[Anm.] Bei intransitiven Verben, die mit N(Ort)を stehen, wird der Handelnde mit に markiert.

③ わたしは 子どもに 道の 右側を 歩かせます。
Ich lasse mein Kind auf der rechten Seite der Straße laufen.

2) $\boxed{\text{N}_1\text{（Person）に　N}_2\text{を　V（transitiv）Kausativ}}$　jemanden etw. V (transitiv) lassen

④ 朝は 忙しいですから、娘に 朝ごはんの 準備を 手伝わせます。
Da ich morgens viel zu tun habe, lasse ich meine Tochter bei der Vorbereitung für das Frühstück mithelfen.

⑤ 先生は 生徒に 自由に 意見を 言わせました。
Der/Die Lehrer/-in hat die Schüler frei ihre Meinung äußern lassen.

## 3. Verwendung der Kausativverben

Kausativverben bezeichnen Zwang oder Erlaubnis. Sie werden benutzt, wenn in Beziehungen wie zwischen Eltern und Kindern, älterem und jüngerem Bruder, einem Vorgesetzten und einem Untergeordneten in der Firma etc. die höher gestellte Person die niedriger gestellte Person zu einer Handlung zwingt oder ihr für eine Handlung die Erlaubnis erteilt. ①, ③ und ④ sind Beispiele für Zwang, ② und ⑤ sind Beispiele für Erlaubnis.

[Anm.] Normalerweise benutzt man gegenüber höher gestellten Personen die Ausdrucksweise mit Kausativverben nicht, da man nicht in der Position ist, sie zu etwas zu zwingen oder ihnen etwas zu erlauben. Um auszudrücken, dass man jemanden (in Beispiel ⑥ ぶちょう) etwas (in ⑥ せつめいします) tun lässt, benutzt man Ausdrücke wie V て -Form いただきます oder V て -Form もらいます, die einen Gefallen ausdrücken. Diese Ausdrucksweise kann man wie in Beispiel ⑦ auch gegenüber gleich oder niedriger gestellten Personen benutzen, wenn man ausdrücken möchte, dass man einen Gefallen getan bekommen hat.

⑥ わたしは 部長に 説明して いただきました。
   Ich habe es vom/von der Abteilungsleiter/-in erklärt bekommen.

⑦ わたしは 友達に 説明して もらいました。
   Ich habe es von einem/r Freund/-in erklärt bekommen.

## 4. V Kausativ て -Form いただけませんか   Dürfte ich V machen/tun?

Sie haben in L. 26 V て -Form いただけませんか gelernt. Dies wird verwendet, wenn man den Gesprächspartner bittet, eine Handlung durchzuführen. Wenn der Sprecher jemanden darum bittet, ihm eine Handlung zu erlauben, wird V Kausativ て -Form いただけませんか verwendet.

⑧ いい 先生を 紹介して いただけませんか。
   Könnten sie mir bitte einen guten Lehrer/eine gute Lehrerin empfehlen (wörtl. vorstellen)? (L. 26)

⑨ 友達の 結婚式が あるので、早く 帰らせて いただけませんか。
   Da die Hochzeit eines/r Freundes/Freundin von mir stattfindet, dürfte ich früher nach Hause gehen?

Bei ⑧ ist es der Gesprächspartner, der empfiehlt (しょうかいします), aber bei ⑨ ist derjenige, der nach Hause geht (かえります), der Sprecher.

# Lektion 49

## I. Vokabular

| | | |
|---|---|---|
| りようします III | 利用します | (be-) nutzen, verwenden |
| つとめます II [かいしゃに～] | 勤めます [会社に～] | (demnächst) [in einer Firma] arbeiten |
| かけます II [いすに～] | 掛けます | sich [auf den Stuhl] setzen |
| すごします I | 過ごします | verbringen, verleben |
| いらっしゃいます I | | da sein, gehen, kommen (ehrerbietige Entsprechung von います, いきます und きます) |
| めしあがります I | 召し上がります | essen, trinken (ehrerbietige Entsprechung von たべます und のみます) |
| おっしゃいます I | | sagen, heißen (ehrerbietige Entsprechung von いいます) |
| なさいます I | | machen, tun (ehrerbietige Entsprechung von します) |
| ごらんに なります I | ご覧に なります | sehen (ehrerbietige Entsprechung von みます) |
| ごぞんじです | ご存じです | kennen (ehrerbietige Entsprechung von しって います) |
| あいさつ | | Begrüßung/Verabschiedung, Ansprache (～を します: begrüßen/sich verabschieden, eine Ansprache halten) |
| りょかん | 旅館 | traditionelles japanisches Hotel |
| バスてい | バス停 | Bushaltestelle |
| おくさま | 奥様 | Frau einer anderen Person (ehrerbietige Entsprechung von おくさん) |
| ～さま | ～様 | (ehrerbietige Entsprechung von ～さん) |
| たまに | | ab und zu |
| どなたでも | | jeder (ehrerbietige Entsprechung von だれでも) |
| ～と いいます | | ～ heißen |

〈会話〉
一年一組　　　　　　　　　　－(=Klassenbezeichnung) im －ten Schuljahr
出しますⅠ［熱を～］　　　　［Fieber］bekommen
よろしく お伝え ください。　Richten Sie bitte viele Grüße von mir aus.
失礼いたします。　　　　　　Auf Wiedersehen./Auf Wiederhören.（bescheidene Entsprechung von しつれいします）

※ひまわり小学校　　　　　　fiktive Grundschule

〈読み物〉
経歴　　　　　　　　　　　　Lebenslauf, Laufbahn
医学部　　　　　　　　　　　medizinische Fakultät
目指しますⅠ　　　　　　　　nach etw. streben, zielen auf
進みますⅠ　　　　　　　　　auf eine höhere Schule aufgenommen werden
iPS細胞　　　　　　　　　　induzierte pluripotente Stammzelle, iPS-Zelle
開発しますⅢ　　　　　　　　etw. entwickeln
マウス　　　　　　　　　　　（Labor-）Maus
ヒト　　　　　　　　　　　　Mensch
受賞しますⅢ　　　　　　　　einen Preis empfangen/verliehen bekommen
講演会　　　　　　　　　　　Vortragsveranstaltung
※山中伸弥　　　　　　　　　jap. Mediziner（1962-）
※ノーベル賞　　　　　　　　Nobelpreis

## II. Übersetzungen

**Satzmuster**
1. Der/Die Sektionsleiter/-in ist schon nach Hause gegangen.
2. Der/Die Firmenchef/-in ist schon nach Hause gegangen.
3. Der/Die Abteilungsleiter/-in macht eine Geschäftsreise nach Amerika.
4. Warten Sie bitte einen Augenblick.

**Beispielsätze**
1. Haben Sie dieses Buch gelesen?
   ……Ja, ich habe es schon gelesen.
2. Wo ist der/die Abteilungsleiter/-in?
   ……Er/Sie ist vorhin ausgegangen.
3. Schauen Sie sich oft Kinofilme an?
   ……Hm. Ich gehe ab und zu mit meiner Frau ins Kino.
4. Wussten Sie, dass der Sohn von Herrn/Frau Ogawa die Aufnahmeprüfung an der Sakura-Universität bestanden hat?
   ……Nein, das wusste ich nicht.
5. Wie ist Ihr Name/Wie heißen Sie?
   ……Ich heiße Watt.
6. Als was arbeiten Sie?
   ……Ich bin Bankangestellte/-r. Ich arbeite bei der Apple-Bank.
7. Ist der Abteilungsleiter, Herr Matsumoto, da?
   ……Ja, er ist hier in diesem Raum. Gehen Sie bitte hinein.

**Dialog**

### Richten Sie bitte viele Grüße von mir aus

Lehrer: Hallo, hier ist die Himawari-Grundschule.
Klara: Guten Morgen.
Ich bin die Mutter von Hans Schmidt aus Gruppe 2 in der 5. Klasse, ist Frau Itō zu sprechen?
Lehrer: Sie ist noch nicht da...
Klara: Könnten Sie ihr dann bitte etwas ausrichten?
Lehrer: Ja, was soll ich ausrichten?
Klara: Es ist so, Hans hat letzten Abend Fieber bekommen, und das Fieber ist auch heute Morgen noch nicht gesunken.
Lehrer: Das ist aber nicht gut.
Klara: Da ich ihn deswegen heute nicht in die Schule gehen lasse, richten Sie bitte Frau Itō viele Grüße von mir aus.
Lehrer: Ja, werde ich machen. Gute Besserung!
Klara: Vielen Dank. Auf Wiederhören.

# III. Zusatzvokabular & -informationen

## 季節の行事　Jahresfeste

### お正月　Neujahr

Das Fest zum Jahresanfang. Die Leute besuchen *Shintō*-Schreine oder Tempel und beten um Gesundheit und Glück für das Jahr.

### 豆まき　Bohnen-Verstreu-Zeremonie

Am Abend des Vorfrühlingsanfangs werden Sojabohnen verstreut, dabei sagt man: „Teufel hinaus! Glück herein!"

### ひな祭り　Puppenfest

In Familien mit Töchtern werden spezielle Puppen aufgestellt.

### こどもの日　Tag der Kinder

Feiertag, an dem man das Heranwachsen und die Gesundheit der Kinder feiert. Ursprünglich der Tag, an dem das Heranwachsen der Jungen gefeiert wurde.

### 七夕　Sternenfest

Das Fest hat seinen Ursprung in einer chinesischen Legende, die besagt, dass der Altair und die Wega vom östlichen und westlichen Ende der Milchstraße sich einmal im Jahr treffen.

### お盆　*Bon*-Fest

Ein buddhistisches Fest, an dem die Leute die Seelen ihrer Vorfahren empfangen und Andachten für sie halten. Man besucht die Familiengräber.

### お月見　Mondschau

Man genießt den Anblick des schönen Vollmonds.

### 大みそか　Silvester

Der letzte Tag des Jahres. Die Leute bereiten sich für das Neujahr vor. Sie machen Großputz und kochen „Osechi" (das Gericht, das man an Neujahr isst). Kurz vor 12 Uhr in der Nacht werden die Glocken der Tempel geläutet.

## IV. Grammatik

**1. 敬語 (Höflichkeitssprache)**

けいご sind Ausdrücke, mit denen man dem Gesprächspartner oder der Person, über die man spricht, Respekt erweist. Ob man Höflichkeitssprache benutzt oder nicht, richtet sich nach dem Gesprächspartner, nach der Person, über die man spricht, und nach der Situation. Grundsätzlich wird Höflichkeitssprache benutzt, (1) wenn man mit höher Gestellten, mit Fremden oder mit Personen, die man nicht gut kennt, spricht, (2) wenn man über höher Gestellte spricht, und (3) wenn man bei formellen Gelegenheiten spricht. In L. 49 lernen Sie そんけいご (ehrerbietige Ausdrücke), in L. 50 けんじょうご (bescheidene Ausdrücke).

**2. 尊敬語 (ehrerbietige Ausdrücke)**

Ehrerbietige Ausdrücke drücken Respekt gegenüber dem Subjekt einer Handlung oder eines Zustands aus.

1) Verben

Hiermit wird Respekt gegenüber der Person ausgedrückt, die die betreffende Handlung ausführt.

(1) ehrerbietige Verben (s. Lehrbuch, L. 49, Übung A1)

Die ehrerbietigen Verben haben die gleiche Form wie die Passivverben und flektieren als Verben der Gruppe II.

Bsp. かかれます　　かかれる　　かかれ（ない）　　かかれて

① 中村さんは 7時に 来られます。　　Frau Nakamura kommt um 7 Uhr.
② お酒を やめられたんですか。
　　Trinken Sie keinen Alkohol mehr (wörtl. Haben Sie mit dem Trinken aufgehört)?

(2) お V ます -Form に なります

Diese Konstruktion wird allgemein als noch höflicher angesehen als die ehrerbietigen Verben aus (1). Bei Verben wie みます oder ねます, deren ます-Form nur eine Mora hat, und Verben der Gruppe III gibt es diese Konstruktion nicht. Ebenso benutzt man sie nicht bei den in (3) behandelten Verben, für die es einen speziellen ehrerbietigen Ausdruck gibt.

③ 社長は もう お帰りに なりました。　Der/Die Chef/-in ist schon nach Hause gegangen.

(3) spezielle ehrerbietige Ausdrücke (s. Lehrbuch, L. 49, Übung A4)

Für einige Verben gibt es spezielle ehrerbietige Ausdrücke. Diese drücken das gleiche Ausmaß an Respekt aus wie die Konstruktion (2).

④ ワット先生は 研究室に いらっしゃいます。　Herr Watt ist in seinem Büro.
⑤ どうぞ 召し上がって ください。　Bitte bedienen Sie sich.

[Anm. 1] いらっしゃいます (Wörterbuchform: いらっしゃる), なさいます (Wörterbuchform: なさる), くださいます (Wörterbuchform: くださる) und おっしゃいます (Wörterbuchform: おっしゃる) sind Verben der Gruppe I, aber bei der Flexion ist eine Besonderheit zu beachten.

Bsp. いらっしゃ<u>い</u>ます (×いらっしゃ<u>り</u>ます)　　いらっしゃる
　　　いらっしゃらない　　いらっしゃった　　いらっしゃらなかった

(4) お／ご～ ください

Diese Konstruktion ist die ehrerbietige Entsprechung zu V て -Form ください (s. L. 14). Bei den Verben der Gruppen I und II wird お V ます-Form ください verwendet, bei Verben der Gruppe III (N します) dagegen ご N ください.

⑥ どうぞ お入り ください。　　Bitte treten Sie ein.

⑦ 忘れ物に ご注意 ください。　Bitte geben Sie Acht, dass Sie nichts vergessen.

Bei Verben wie みます oder ねます, deren ます-Form nur eine Mora hat, wird diese Konstruktion nicht verwendet. Bei Verben mit speziellen ehrerbietigen Entsprechungen, wie sie in (3) oben genannt wurden, benutzt man die Konstruktion „spezieller ehrerbietiger Ausdruck て-Form ください".

⑧ また いらっしゃって ください。　Bitte besuchen Sie uns wieder.

2) Nomina, Adjektive und Adverbien

Indem man Nomina, Adjektiven und Adverbien お oder ご hinzufügt, drückt man Respekt gegenüber dem Besitzer des jeweiligen Nomens bzw. der Person, die sich in dem betreffenden Zustand befindet, aus. Es ist je nach Wort festgelegt, ob お oder ご hinzugefügt wird. Grundsätzlich wird お meistens für Wörter verwendet, die ihren Ursprung in Japan haben, und ご für Wörter, die aus China übernommen worden sind.

Bsp. für Wörter, denen お hinzugefügt wird:　　　Bsp. für Wörter, denen ご hinzugefügt wird:

N　　お国, お名前, お仕事　　　　　　　　　　N　　ご家族, ご意見, ご旅行
　　　お約束, お電話

な-Adj　お元気, お上手, お暇　　　　　　　　な-Adj　ご熱心, ご親切

い-Adj　お忙しい, お若い　　　　　　　　　　Adverb　ご自由に

[Anm. 2] Wenn man けいご benutzt, verwendet man sie meistens nicht nur für Verben, sondern auch für die anderen Wörter im Satz.

⑨ 部長の 奥様も ごいっしょに ゴルフに 行かれます。

Die Frau des Abteilungsleiters geht auch (mit jemandem) zusammen Golf spielen.

## 3. Höflichkeitssprache und Satzstil

Wenn man der Person, über die man spricht, Respekt erweist, es aber nicht nötig ist, dem Gesprächspartner Respekt zu erweisen, werden けいご wie in ⑩ in Sätzen im einfachen Stil verwendet.

⑩ 部長は 何時に いらっしゃる?　Wann kommt der/die Abteilungsleiter/-in?

## 4. 　〜まして

Wenn man höflich sprechen möchte, wird manchmal V て-Form zu V ます-Form まして geändert.

⑪ ハンスが ゆうべ 熱を 出しまして、けさも まだ 下がらないんです。

Hans hat gestern Abend Fieber bekommen, und das Fieber ist auch heute Morgen noch nicht gesunken.

## 5. 　〜ますので

Wenn man aus „einfache Form ので" eine noch höflichere Form machen möchte, benutzt man manchmal „höfliche Form ので".

⑫ きょうは 学校を 休ませますので、先生に よろしく お伝え ください。

Da ich ihn/sie heute nicht in die Schule gehen lasse (wörtl. in der Schule fehlen lasse), richten Sie dem/der Lehrer/-in bitte schöne Grüße aus.

# Lektion 50

## I. Vokabular

| | | |
|---|---|---|
| まいります I | 参ります | gehen, kommen (bescheidene Entsprechung von いきます und きます) |
| おります I | | da sein (bescheidene Entsprechung von います) |
| いただきます I | | essen, trinken, bekommen (bescheidene Entsprechung von たべます, のみます und もらいます) |
| もうします I | 申します | sagen, heißen (bescheidene Entsprechung von いいます) |
| いたします I | | machen, tun (bescheidene Entsprechung von します) |
| はいけんします III | 拝見します | sehen (bescheidene Entsprechung von みます) |
| ぞんじます II | 存じます | kennen (bescheidene Entsprechung von しります) |
| うかがいます I | 伺います | fragen, erfahren, besuchen (bescheidene Entsprechung von ききます und いきます) |
| おめに かかります I | お目に かかります | treffen (bescheidene Entsprechung von あいます) |
| いれます II [コーヒーを〜] | | [Kaffee] kochen |
| よういします III | 用意します | vorbereiten |
| わたくし | 私 | ich (bescheidene Entsprechung von わたし) |
| ガイド | | (Reise-) Führer/-in |
| メールアドレス | | E-Mail-Adresse |
| スケジュール | | Zeitplan, Terminplan |
| さらいしゅう* | さ来週 | übernächste Woche |
| さらいげつ | さ来月 | übernächster Monat |
| さらいねん* | さ来年 | übernächstes Jahr |
| はじめに | 初めに | zuerst |
| ※江戸東京博物館 | | Edo-Tokyo-Museum |

〈会話〉

| | |
|---|---|
| 緊張しますⅢ | aufgeregt werden, nervös werden, sich anspannen |
| 賞金 | Preisgeld |
| きりん | Giraffe |
| ころ | die Zeit（z.B. als Kind etc.） |
| かないますⅠ［夢が〜］ | ［ein Traum］geht in Erfüllung, wird wahr |
| 応援しますⅢ | unterstützen, ermutigen |
| 心から | herzlich, von ganzem Herzen |
| 感謝しますⅢ | sich bedanken |

〈読み物〉

| | |
|---|---|
| お礼 | Dank, Geschenk（zum Danken） |
| お元気で いらっしゃいますか。 | Wie geht es Ihnen?（ehrerbietige Entsprechung von おげんきですか） |
| 迷惑を かけますⅡ | zur Last fallen, Umstände machen, belästigen |
| 生かしますⅠ | nutzen, nutzbar machen |
| ※ミュンヘン | München |

## II. Übersetzungen

### Satzmuster
1. Ich schicke Ihnen den Terminplan für diesen Monat.
2. Ich komme morgen um 15 Uhr.
3. Ich komme aus Amerika.

### Beispielsätze
1. Das sieht schwer aus. Soll ich es tragen?
   ……Vielen Dank. Das wäre nett (wörtl. Ich bitte Sie darum).
2. Herr/Frau Reiseleiter/-in, wohin gehen wir, nachdem wir das hier angeschaut haben?
   ……Ich zeige Ihnen das Edo-Tokyo-Museum.
3. Die Ankunft von Herrn Gupta ist um 2 Uhr, nicht wahr? Fährt jemand ihn abholen?
   ……Ja, ich fahre hin.
4. Darf ich bitte kurz Ihre Fahrkarte sehen? (Wörtl. Ich sehe mir kurz Ihre Fahrkarte an.)
   ……Ja, bitte.
   Vielen Dank.
5. Das ist Herr Miller.
   ……Darf ich mich vorstellen? Ich heiße Miller. Es freut mich, Sie kennen zu lernen.
6. Wo wohnt Ihre Familie?
   ……Sie wohnt in New York.

### Dialog
**Ich bedanke mich von ganzem Herzen**

Moderator: Herzlichen Glückwunsch zum ersten Platz!
Das war eine wunderbare Rede.
Miller: Vielen Dank.
Moderator: Waren Sie aufgeregt?
Miller: Ja, ich war sehr aufgeregt.
Moderator: War das Üben anstrengend?
Miller: Ja. Ich hatte viel zu tun, deswegen hatte ich kaum Zeit zu üben.
Moderator: Wofür werden Sie Ihr Preisgeld benutzen?
Miller: Hm. Ich mag Tiere, und es war seit meiner Kindheit mein Traum, nach Afrika zu fahren.
Moderator: Dann fahren Sie nach Afrika?
Miller: Ja. Ich möchte gerne in der Natur Afrikas Giraffen oder Elefanten sehen.
Moderator: Ihr Kindheitstraum geht also in Erfüllung, nicht wahr?
Miller: Ja. Ich bin glücklich.
Ich bedanke mich von ganzem Herzen bei allen, die mich unterstützt haben. Vielen Dank!

# III. Zusatzvokabular & -informationen

## 封筒・はがきのあて名の書き方
## Wie man Adressen auf Briefumschläge und Postkarten schreibt

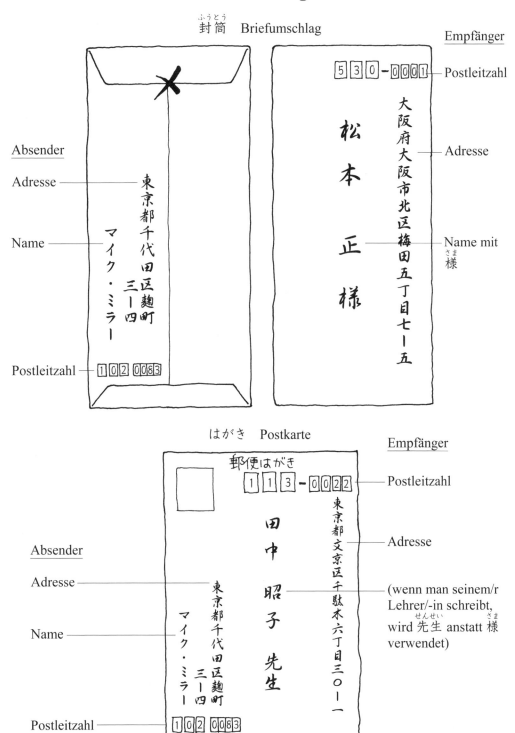

## IV. Grammatik

### 1. 謙譲語 I （bescheidene Ausdrücke I - Verben）

Bescheidene Ausdrücke I sind Ausdrücke, mit denen der Sprecher sich bescheiden über an den Gesprächspartner oder jemanden aus dessen Gruppe gerichtete Handlungen des Sprechers oder einer Person aus der Gruppe des Sprechers äußert, um dem Gesprächspartner oder jemandem aus dessen Gruppe Respekt zu erweisen.

1) お／ご～します
   (1) お V （Gruppe I, II） ます -Form します
   ① 重そうですね。お持ちしましょうか。
      Das sieht schwer aus. Soll ich es tragen?
   ② 私が 社長に スケジュールを お知らせします。
      Ich teile dem/der Chef/-in den Zeitplan mit.
   ③ 兄が 車で お送りします。
      Mein (älterer) Bruder bringt Sie mit dem Auto.

   Bei ① wird der Respekt des Sprechers gegenüber dem Gegenüber ausgedrückt, das (das Gepäck) in der Hand hält (der Besitzer des Gepäcks, in diesem Fall der Gesprächspartner), bei ② der Respekt gegenüber dem/r Chef/-in, an den/die sich die Handlung des Mitteilens richtet, und bei ③ der gegenüber demjenigen, der mit dem Auto mitgenommen wird (in diesem Fall der Gesprächspartner).
   Diese Konstruktion kann man nicht für Verben wie みます, います etc. verwenden, deren ます - Form nur eine Mora enthält.

   (2) ご V （Gruppe III）
   ④ 江戸東京博物館へ ご案内します。
      Ich führe Sie zum Edo-Tokyo-Museum.
   ⑤ きょうの 予定を ご説明します。
      Ich erkläre Ihnen den heutigen Plan.

   Diese Konstruktion wird für die Verben der Gruppe III verwendet. Neben den Verben aus den obigen Beispielen gibt es z.B. noch しょうかいします, しょうたいします, そうだんします und れんらくします. Verben wie でんわします oder やくそくします sind Ausnahmen, bei ihnen wird nicht ご, sondern お hinzugefügt.

2) spezielle bescheidene Ausdrücke (s. Lehrbuch, L. 50, Übung A3)
   Einige Verben haben spezielle bescheidene Entsprechungen.
   ⑥ 社長の 奥様に お目に かかりました。
      Ich habe die Frau meines Chefs gesehen.
   ⑦ あしたは だれが 手伝いに 来て くれますか。
      …… 私が 伺います。
      Wer kommt morgen, um zu helfen?
      …… Ich komme.

## 2. 謙譲語 II (bescheidene Ausdrücke II - Verben)

Hiermit spricht der Sprecher höflich gegenüber dem Gesprächspartner über eigene Handlungen oder Handlungen von jemandem aus der eigenen Gruppe.

⑧ 私は ミラーと 申します。　　Ich heiße Miller.

⑨ アメリカから 参りました。　　Ich komme aus Amerika.

Der Sprecher äußert sich hier höflich gegenüber dem Gesprächspartner über sein eigenes Verhalten, indem er bei ⑧ もうします anstelle von いいます benutzt und bei ⑨ まいりました anstelle von きました.

Andere bescheidene Ausdrücke dieser Art sind z.B. いたします oder ［〜て］おります.

監修　redaktionelle Leitung
鶴尾能子（Tsuruo, Yoshiko）　石沢弘子（Ishizawa, Hiroko）

執筆協力　Verfasser
田中よね（Tanaka, Yone）　澤田幸子（Sawada, Sachiko）　重川明美（Shigekawa, Akemi）
牧野昭子（Makino, Akiko）　御子神慶子（Mikogami, Keiko）

ドイツ語翻訳　Übersetzer
藤田香織（Fujita, Kaori）　Christoph Schlüter　真以子・オプハイ（Maiko Ophei）

本文イラスト　Illustrationen
向井直子（Mukai, Naoko）　柴野和香（Shibano, Waka）　佐藤夏枝（Satō, Natsue）

装丁デザイン　Gestaltung des Einbands
山田武（Yamada, Takeshi）


# みんなの日本語　初級Ⅱ　第2版
## 翻訳・文法解説　ドイツ語版

2003年6月18日　初版第1刷発行
2015年3月7日　第2版第1刷発行
2024年11月25日　第2版第7刷発行

編著者　スリーエーネットワーク
発行者　藤嵜政子
発　行　株式会社スリーエーネットワーク
　　　　〒102-0083　東京都千代田区麹町3丁目4番
　　　　　　　　　　トラスティ麹町ビル2F
　　　　電話　営業　03（5275）2722
　　　　　　　編集　03（5275）2725
　　　　https://www.3anet.co.jp/
印　刷　倉敷印刷株式会社

ISBN978-4-88319-704-0 C0081
落丁・乱丁本はお取替えいたします。
本書の全部または一部を無断で複写複製（コピー）することは著作権法上
での例外を除き、禁じられています。
「みんなの日本語」は株式会社スリーエーネットワークの登録商標です。

# みんなの日本語シリーズ

## みんなの日本語 初級I 第2版

- 本冊（CD付） ………………… 2,750円（税込）
- 本冊 ローマ字版（CD付） …… 2,750円（税込）
- 翻訳・文法解説 ……………… 各2,200円（税込）
  英語版／ローマ字版【英語】／中国語版／韓国語版／
  ドイツ語版／スペイン語版／ポルトガル語版／
  ベトナム語版／イタリア語版／フランス語版／
  ロシア語版（新版）／タイ語版／インドネシア語版／
  ビルマ語版／シンハラ語版／ネパール語版
- 教え方の手引き ……………… 3,080円（税込）
- 初級で読めるトピック25 …… 1,540円（税込）
- 聴解タスク25 ………………… 2,200円（税込）
- 標準問題集 …………………… 990円（税込）
- 漢字 英語版 ………………… 1,980円（税込）
- 漢字 ベトナム語版 ………… 1,980円（税込）
- 漢字練習帳 …………………… 990円（税込）
- 書いて覚える文型練習帳 …… 1,430円（税込）
- 導入・練習イラスト集 ……… 2,420円（税込）
- CD 5枚セット ……………… 8,800円（税込）
- 会話DVD ……………………… 8,800円（税込）
- 会話DVD PAL方式 ………… 8,800円（税込）
- 絵教材CD-ROMブック ……… 3,300円（税込）

## みんなの日本語 初級II 第2版

- 本冊（CD付） ………………… 2,750円（税込）
- 翻訳・文法解説 ……………… 各2,200円（税込）
  英語版／中国語版／韓国語版／ドイツ語版／
  スペイン語版／ポルトガル語版／ベトナム語版／
  イタリア語版／フランス語版／ロシア語版（新版）／
  タイ語版／インドネシア語版／ビルマ語版／
  シンハラ語版／ネパール語版
- 教え方の手引き ……………… 3,080円（税込）
- 初級で読めるトピック25 …… 1,540円（税込）
- 聴解タスク25 ………………… 2,640円（税込）
- 標準問題集 …………………… 990円（税込）
- 漢字 英語版 ………………… 1,980円（税込）
- 漢字 ベトナム語版 ………… 1,980円（税込）
- 漢字練習帳 …………………… 1,320円（税込）
- 書いて覚える文型練習帳 …… 1,430円（税込）
- 導入・練習イラスト集 ……… 2,640円（税込）
- CD 5枚セット ……………… 8,800円（税込）
- 会話DVD ……………………… 8,800円（税込）
- 会話DVD PAL方式 ………… 8,800円（税込）
- 絵教材CD-ROMブック ……… 3,300円（税込）

## みんなの日本語 初級 第2版

- やさしい作文 ………………… 1,320円（税込）

## みんなの日本語 中級I

- 本冊（CD付） ………………… 3,080円（税込）
- 翻訳・文法解説 ……………… 各1,760円（税込）
  英語版／中国語版／韓国語版／ドイツ語版／
  スペイン語版／ポルトガル語版／フランス語版／
  ベトナム語版
- 教え方の手引き ……………… 2,750円（税込）
- 標準問題集 …………………… 990円（税込）
- くり返して覚える単語帳 …… 990円（税込）

## みんなの日本語 中級II

- 本冊（CD付） ………………… 3,080円（税込）
- 翻訳・文法解説 ……………… 各1,980円（税込）
  英語版／中国語版／韓国語版／ドイツ語版／
  スペイン語版／ポルトガル語版／フランス語版／
  ベトナム語版
- 教え方の手引き ……………… 2,750円（税込）
- 標準問題集 …………………… 990円（税込）
- くり返して覚える単語帳 …… 990円（税込）

- 小説 ミラーさん
  ―みんなの日本語初級シリーズ―
- 小説 ミラーさんII
  ―みんなの日本語初級シリーズ―
  ……………………… 各1,100円（税込）

スリーエーネットワーク

ウェブサイトで新刊や日本語セミナーをご案内しております。
https://www.3anet.co.jp/